交通运输节能减排能力建设项目系列丛书

城市交通低碳发展
路径与政策

CHENGSHI JIAOTONG DITAN FAZHAN
LUJING YU ZHENGCE

李振宇　江玉林　牛　犇　编著

人民交通出版社股份有限公司
China Communications Press Co.,Ltd.

内 容 提 要

本书详细分析了我国城市交通在低碳发展方面的现状与存在的问题，并对当前常用的城市交通温室气体排放测算模型和方法进行分析对比，在借鉴国内外关于编制“温室气体排放清单”经验的基础上，提出了我国2010年城市交通温室气体排放清单，依据不同地区、省份确立了不同规模城市的交通减排目标及减排路线，制订了我国城市交通控制温室气体排放行动方案。

图书在版编目(CIP)数据

城市交通低碳发展路径与政策/李振宇，江玉林，牛犇编著.—北京：人民交通出版社股份有限公司，2016.5

ISBN 978-7-114-12824-0

Ⅰ.①城… Ⅱ.①李… ②江… ③牛… Ⅲ.①城市交通运输—运输经济—绿色经济—研究—中国 Ⅳ.①F572

中国版本图书馆CIP数据核字(2016)第029972号

书　　名：城市交通低碳发展路径与政策
著 作 者：李振宇　江玉林　牛　犇
责任编辑：戴广超　杨丽改
出版发行：人民交通出版社股份有限公司
地　　址：(100011)北京市朝阳区安定门外外馆斜街3号
网　　址：http://www.ccpress.com.cn
销售电话：(010)59757973
总 经 销：人民交通出版社股份有限公司发行部
经　　销：各地新华书店
印　　刷：中国电影出版社印刷厂
开　　本：720×960　1/16
印　　张：12.25
字　　数：150千
版　　次：2016年5月　第1版
印　　次：2016年5月　第1次印刷
书　　号：ISBN 978-7-114-12824-0
定　　价：50.00元
(有印刷、装订质量问题的图书由本公司负责调换)

编　写　组

组　　长：李振宇　江玉林

副 组 长：牛　犇　李　超

编写成员：尹志芳　廖　凯　吴洪洋　朱松丽
姜仙童　余　坤　徐　畅　赵海滨
刘蕾蕾　常成志　郭　忠　杜云柯
许　霄　尹怡晓　杜光远　许　飒
刘　芳　刘宝双　蔡秀荣

前言
Preface

城市交通是社会经济发展的重要基础。随着社会经济的快速发展和城市化进程不断加快,城市居民对交通的依赖程度越来越高,人们对交通运输保障提出了新的、更高的要求。近年来,城市交通的快速发展带来了一系列的社会问题,包括城市交通拥堵、能源短缺、环境污染、交通安全等,城市交通拥堵问题日益严重,并从大型城市向中小型城市不断蔓延;交通运输行业依然是化石燃油最大的用户,能源安全问题愈发突出;城市的环境污染不断加重,机动车尾气污染的特征愈发明显。这些问题严重影响了人们的日常生活,降低了城市居民的生活质量。

国内外经验表明,优先发展城市公共交通是实现城市和交通可持续发展的唯一出路,是推进城市交通缓堵减排战略的重要方面。因此,在《国务院关于城市优先发展公共交通的指导意见》(国发〔2012〕64号)的指导下,交通运输部通过开展国家"公交都市"建设示范工程、"低碳交通运输体系建设试点"等重大工程,加快发展大容量公交系统,加强实施交通需求管理措施,通过"一推一拉"策略,加快形成一个多层次、多样化、高覆盖、高水平的城市公共交通系统。

面对我国城市交通拥堵日趋严重、空气污染日益恶化的现状,以及石油资源紧张、国际社会减排压力大等外部条件约束,首先需要了解我国城市交通行业温室气体的排放水平和减排潜力，制定行业发展目标，因此当前开展城市交通行业低碳发展研究十分必要。

通过广泛调研和咨询了解，我国鲜有针对城市交通行业系统性的中长期温室气体排放研究。即便是仅有的研究成果，与欧美发达国家的研究水平相比，在深度和系统性上也有不小的差距。因此，作者在充分调查研究，汲取国内外城市交通节能减排与低碳发展领域已有研究成果的基础上，依照我国国情，针对城市交通温室气体排放测算方法学和模型比较、城市交通温室气体排放清单、减排目标及减排路线图、国际经验和启示以及控制温室气体排放行动方案等开展了相应研究，对我国中长期温室气体排放变化、峰值等进行预测，并以此为基础从经济、技术、管理和宣传角度，提出与城市交通相关的政策建议，并给予定量分析。

即使作者对城市交通低碳发展路径和措施进行了深入研究分析，但是距离贯彻落实相应措施、建议并达到预期排放目标仍有很大的距离。首先，如何落实并贯彻国家节能减排政策，使之达到减排目标，同时经济增长又该保持何等增速？第二，城市交通如何转型？通过技术的提升可以吸引乘客转乘公交或采用骑行等节能低碳的交通方式。然而，随着乘客对服务质量（如舒适性等）的要求不断提高，势必会增加单位客运量的能耗，这中间又应该如何平衡？第三，节能减排效果和资金投入的关系又应当如何平衡？诸如此类的困惑还有很多，也许无法准确回答，但是这些值得深思的问题，就是下一步研究的方向。

本书由交通运输部科学研究院牵头撰写，国家发展与改革委员会能源研究所参与了部分研究。研究团队是从事交通、能源等领域研究的一支专业队伍。为了能够与城市交通领域相关领导、专家、学者、工作人员和国内外关心中国城市交通发展的人士共同分享研究成果，将其整理出版，希望能与关注节能减排的学者、专家和从业人员交流经验。

最后，因为时间和作者的水平有限，书中不妥之处难免，敬请读者批评指正。

编著者
2015 年 12 月

目录
Contents

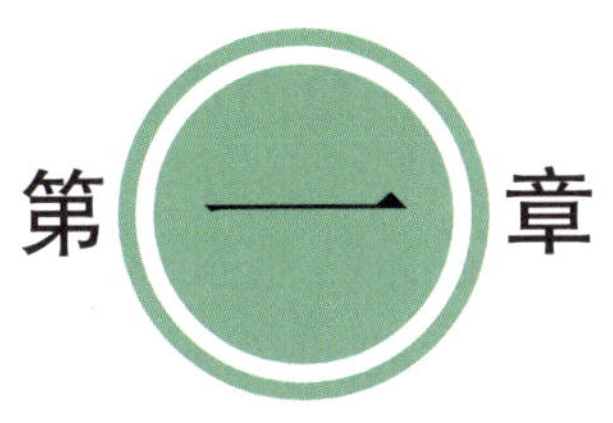

第一章

城市交通发展现状与问题

第一节　中国城市交通发展现状

一、经济快速发展，交通支出占总消费性支出的比重逐年增长

改革开放以来，我国社会经济迅速发展，取得了举世瞩目的辉煌成就。我国的国内生产总值（GDP）保持了30多年的快速增长，在1978—2013年间，年均增长率为15.6%，远远高于同期世界经济年平均增长3.0%的速度；与日本经济起飞阶段国内生产总值年平均增长9.2%和韩国经济起飞阶段国内生产总值年均增长8.5%不相上下。到2002年，我国国内生产总值突破10万亿元后，仅用4年，突破20万亿元；2010年突破40万亿元，2012年突破50万亿元，2013年达到58.8万亿元，1978—2013年中国GDP增长情况如图1-1所示。

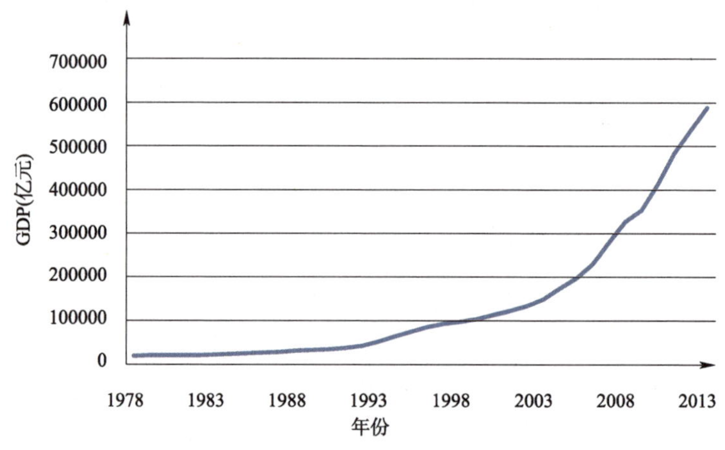

图1-1　1978—2013年中国GDP增长情况

在人均可支配收入方面，城镇居民人均可支配收入增长迅速，每5年增长的比例都很大，在2005—2013年间甚至增长了126.9%（图1-2）。

一方面表明城镇就业岗位不断增加，城镇居民生活水平迅速提高；另一方面表明我国城镇居民人均可支配收入还处于较低水平，有较大的增长空间，同时也面临着较大的发展压力。

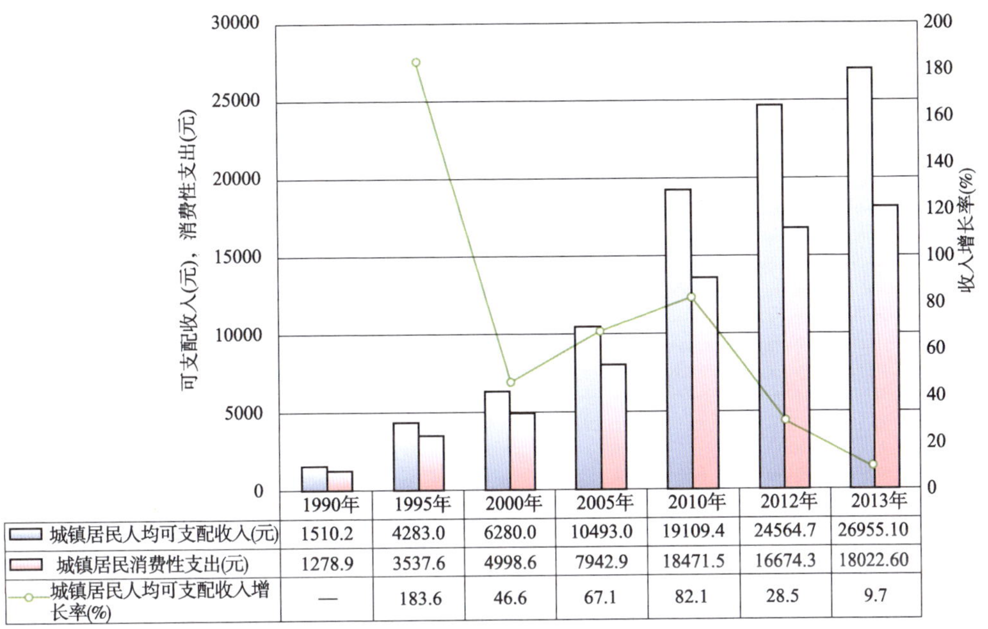

	1990年	1995年	2000年	2005年	2010年	2012年	2013年
城镇居民人均可支配收入(元)	1510.2	4283.0	6280.0	10493.0	19109.4	24564.7	26955.10
城镇居民消费性支出(元)	1278.9	3537.6	4998.6	7942.9	18471.5	16674.3	18022.60
城镇居民人均可支配收入增长率(%)	—	183.6	46.6	67.1	82.1	28.5	9.7

图 1-2　1990—2013 年城镇居民人均可支配收入及消费性支出

人民生活水平逐步提高，一方面将会使社交、休闲等方面的交通需求快速增加；另一方面表明我国城镇居民逐渐具备购买私人小汽车的经济条件，小汽车进入家庭进程必将进一步加快。小汽车出行将与城市公共交通出行展开激烈竞争，城市交通出行结构也将随之而发生改变，城市交通的可持续性发展面临着巨大挑战。

近年来，城镇居民人均交通支出在人均可支配收入中所占比例不断增加。2000 年，我国城镇居民用于交通的人均支出为 166.2 元，2005 年增长到 499.6 元，2010 年增长到 1254.8 元，2013 年为 2736.9 元，是 2005 年的 5.5 倍、2000 年的 16.5 倍，见图 1-3。在交通支出占人均可支配收入的比例中，1995—2000 年、2000—2005 年、2006—2010 年的 5 年增长率分别为 100.2%、200.6% 和 151.1%。无论是支出费用还是在人均可支配收入中，交通支出占据越来越多的份额，而且增速不断加快，这意味着城镇居民的出行需求和强度将会进一步加大。

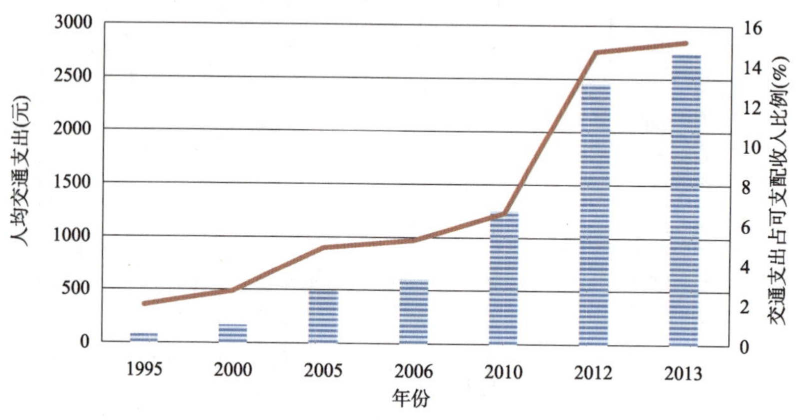

图 1-3　1995—2013 年城镇居民交通支出

目前，中国经济总量跃居世界第二。我国已提前完成现代化“三步走”战略部署的前两步，正在为全面建成小康社会、为初步实现现代化而努力奋斗。2002 年，国家确定了 2020 年全面建成小康社会的目标。同年，中国的人均 GDP 首次超过 1000 美元，2007 年达到 2460 美元，2010 年达到 4382 美元，2013 年达到 6876 美元。中国的经济仍需继续保持快速发展势头，人均交通支出的比重也会进一步增加。

二、城镇人口快速增长，居民出行需求总量迅速增加

近年来，我国城镇化步伐不断加快，城镇总人口不断攀升，如图 1-4 所示。从 2000 年的 45906 万人，增长到 2013 年的 73111 万人，增长了 55.1%；而城镇化率也相应从 36.2% 增长到 53.7%，年均增长 1.25%；城镇人口首次超过农村人口，每年有 1000 多万人口从农村转入城镇生活。

二十多年间，走过了英、美等发达国家百年的历程，而且势头不减，见表1-1。

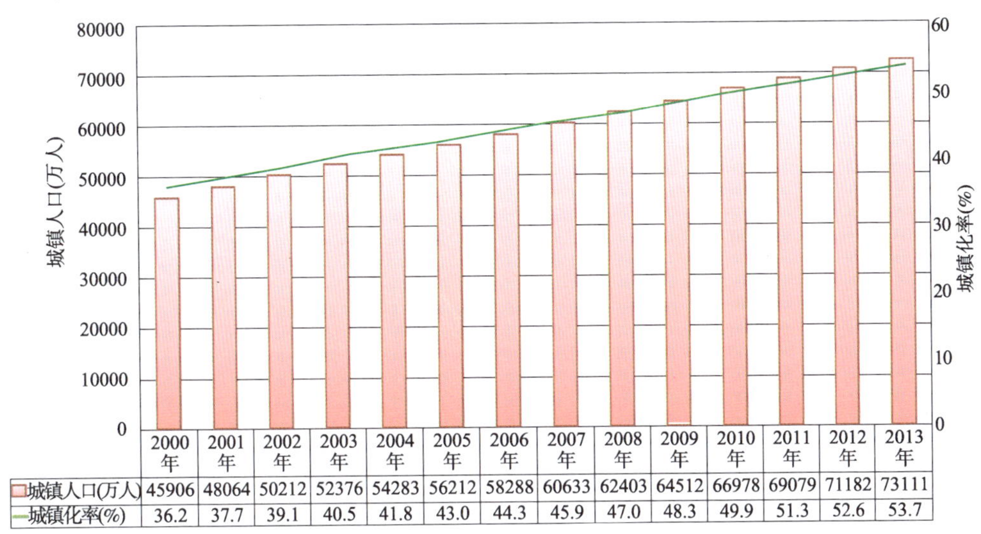

图 1-4　2000—2013 年我国城镇人口和城镇化率发展变化图

典型国家城镇化率从 20% 到 40% 所用时间　　表 1-1

国家	英国	法国	德国	美国	苏联	日本	中国
年份	1720—1840	1800—1900	1785—1865	1860—1900	1920—1950	1925—1955	1981—2003
耗时(年)	120	100	80	40	30	30	22

从发达国家的历史经验来看，按照城镇化进程的一般规律，城镇化率在 35% ~70% 之间是城镇化加速增长期。我国已进入这一快速发展时期，农村富余劳动力向非农产业和城镇转移，城市人口和城镇数量的急剧膨胀，将成为城镇化的显著特征。预计到 2020 年，我国城镇化率将达到 57%，到 2050 年，城镇化率将超过 70%，接近或达到发达国家水平。

城镇人口的快速增长，必然带来城市居民出行需求总量的快速增加，按照宏观社会经济发展的情景设定，到 2030 年，中国未来城市总出行人次预计将达 9517 亿人次，其中公共交通、小汽车等机动车出行的总人次预计将达

2969.3 亿人次,预计 1998—2020 年期间年均增长率达 9.0%,见图 1-5。

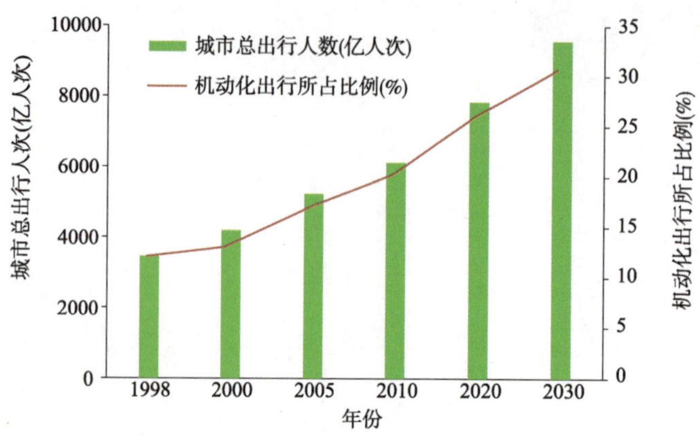

图 1-5　中国城市居民出行趋势分析图

三、城市建成区面积迅速增加,居民出行距离较快增长

我国城市建成区面积不断扩大,并从 2000 年开始增长速度有加快的趋势,2003 年增长率达到第一个峰值后开始下降,2008 年的增长率降到最低,2009 年以后又开始快速增长,见图 1-6。2001 年,我国城市建成区面积为 24026.6km^2,到 2013 年已增长至 47855.3km^2,增长了 99.2%。

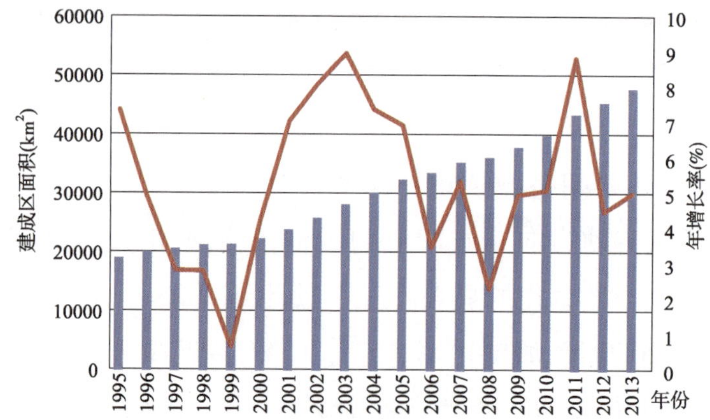

图 1-6　1995—2013 年全国城市建成区面积及其增长率变化图

城市建成区面积的扩大,会引起城镇居民出行距离的增加。以北京

市为例，随着北京城市空间的扩大和小汽车使用强度的增加，居民出行距离显著增长。2005 年北京市居民出行平均距离达到 9.3km/次（不包含步行），2010 年北京市居民出行平均距离达到 10.6km/次（不包含步行），比 2005 年提高了 13.98%，比 2000 年提高了 32.5%，见图 1-7。我国众多城市的发展经验表明，在城市发展过程中，若只是无序蔓延，而不能发挥交通引导城市发展的作用，就会增加很多不必要的机动化出行需求，进一步导致城市交通拥堵加剧。

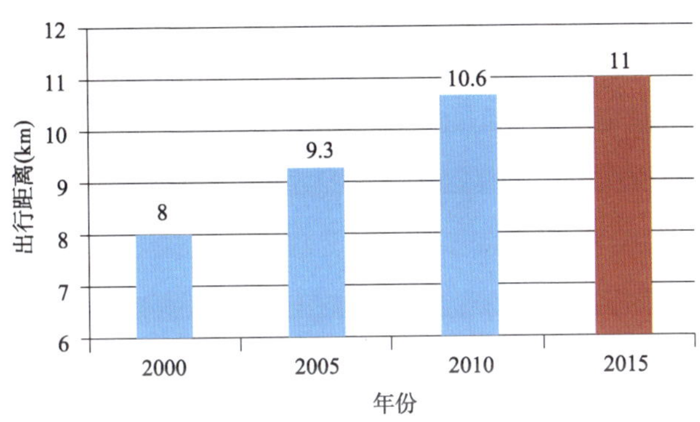

图 1-7　北京市六环内居民平均出行距离（不含步行）增长图

四、绿色出行比例逐年下降

北京、上海、南京、合肥等典型城市居民出行结构，见图 1-8。不难看出，典型城市的交通结构有以下共同点：所有城市的绿色出行方式（城市公共交通、自行车和步行）呈总体快速下降趋势。随着国家和地方对城市公交的重视，出行比例稳步上升，但自行车、步行等绿色交通出行方式比例下降较快，逐步失去优势地位。2000—2010 年，北京市绿色出行比例从 65.0% 下降到 56.1%，下降率 13.7%，上海 5 年间下降了 4.5%。2002—2010 年南京则下降了 4.9%，合肥也有不同程度的下降。但与此同时，所有城市小汽车的出行比例均处于大幅增长状态，在部分大城市中已经占据主要地位,造成出行结构的快速变化。2000—2010 年,北京市小汽车的出行比例从 23.2% 上升到 34.2%,增长了 47.4%;2002—2010 年,南京的小汽车出行比例从 4.45% 上升到 9%;2002—2011 年,合肥的小汽车出行比例从 5.25% 上升到 7.75%。尽管上海从 2000 年起就开始实施小汽车配额拍卖政策,有效抑制住了小汽车的快速增长势头,小汽车的出行比例也从 2007 年的 17.9% 上升到 2011 年的 22.3%。

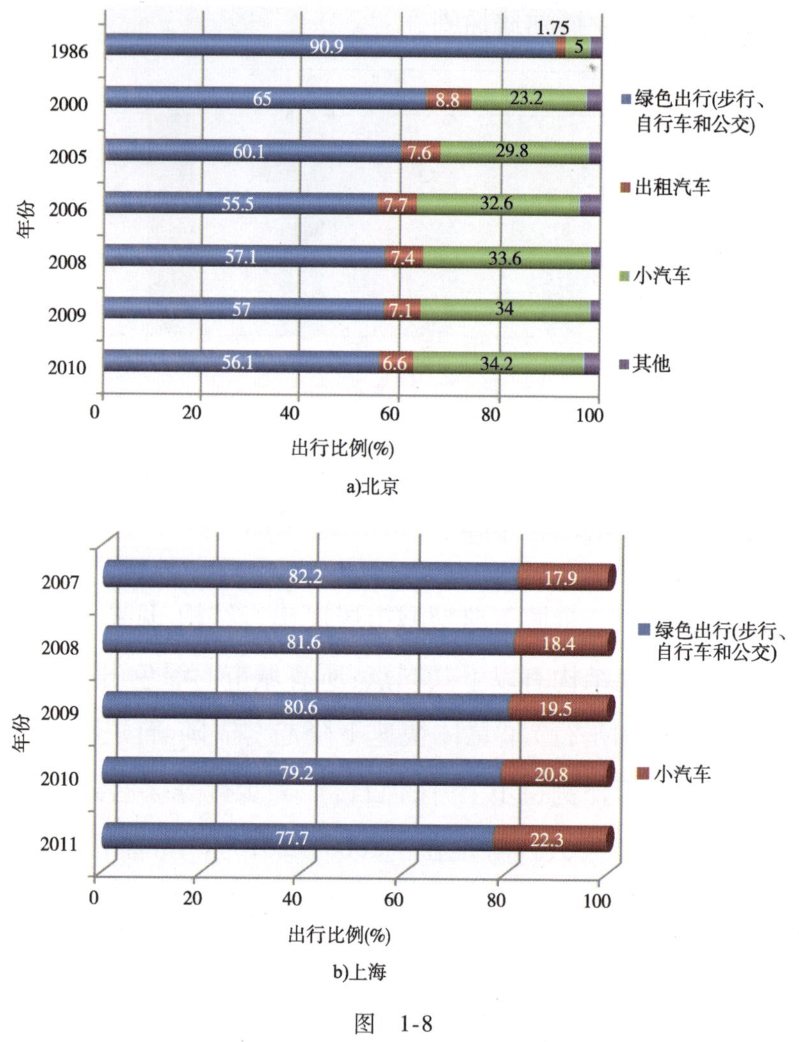

a)北京

b)上海

图 1-8

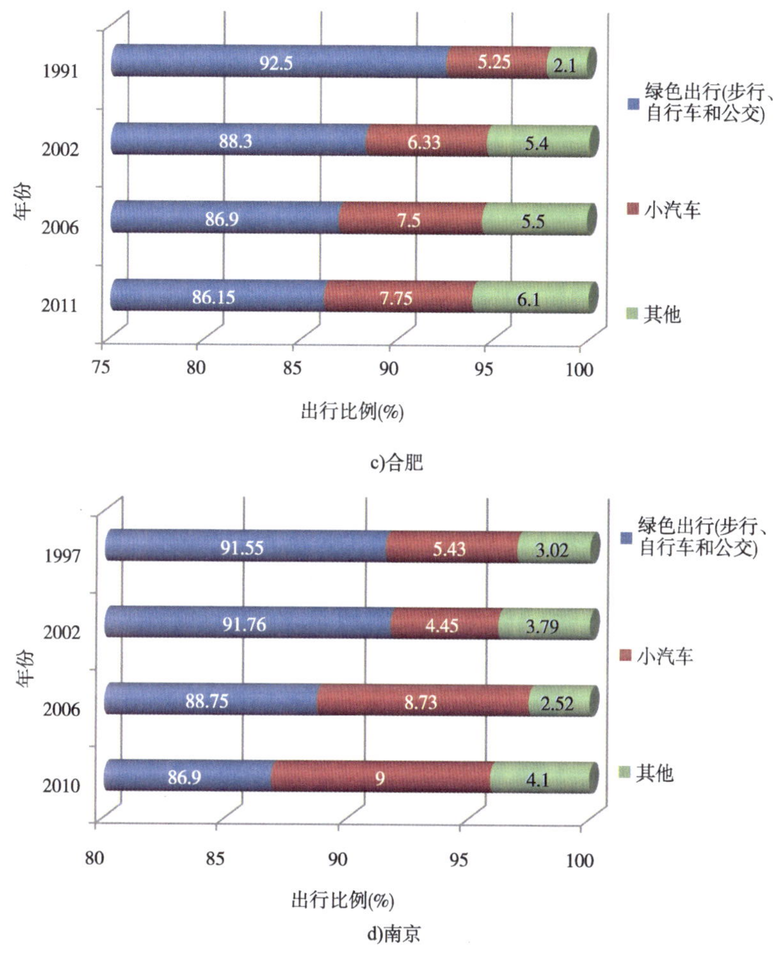

c)合肥

d)南京

图 1-8 典型城市居民出行结构

如此的发展趋势,势必对我国城市交通的可持续发展及城市生态文明建设产生重大影响,一方面个体及机动化出行大幅增加并逐渐占据主体地位,另一方面高效率的公共交通出行比例优势不足,自行车、步行等慢行交通方式比例大幅下滑,在给城市交通带来巨大压力的同时也会使能源消耗急速增长、污染物排放迅速增加,不利于国家能源安全、社会稳定以及环境的可持续发展。

第二节　中国城市交通低碳发展存在的主要问题

一、对低碳交通理念缺乏足够认识

当前交通运输业石油消耗增长过快。交通运输业 1995 年所消耗石油量占石油消耗总量的 18%，2000 年为 25%，2005 年为 35%，2013 年达到 40% 以上。虽然人均交通油耗低，但增长迅速，交通对化石燃油的依赖性越来越强。

交通发展和资源环境的矛盾日益突出，如果不及时采取有效措施来推动转变发展方式，那么就会导致资源支撑不住，环境容纳不下，社会承受不起，经济增长受阻，交通发展难以为继。而我们现在对此还缺乏足够的认识，改变以上问题是实现城市交通低碳发展的关键。主要包括：

（一）交通发展理念亟待转变

为了体现社会公平、保持城市交通与资源、环境可持续性发展，需要一种与过去我们所追求的模式都截然不同的城市发展模式。在这种新模式中，交通应该起到对城市发展的引导作用，应采用一些新的发展理念，如 TOD（公交引导城市发展）等，要提倡城市交通建设是为了服务于城市居民的多样化选择，安全、经济、畅通、舒适的出行，而不是满足机动化、满足小汽车的出行便利，应将优先权给予有较高交通量和较低出行费用的出行方式，如城市公交、自行车等方式。城市慢行交通在城市发展中必须得到足够的重视，才会鼓励和引导慢行交通的合理快速发展。

(二)交通出行观念亟待转变

我国多数城市居民的交通出行消费理念仍然比较陈旧,将小汽车作为身份、地位和财富的象征和炫耀的资本,传统的"汽车拥有"观念十分普遍,发达国家更加注重"汽车使用"的观念如"汽车共享"、"汽车合乘"等方式,而这种方式尚没有得到相关政策的许可和广大民众的认同。因此,以开车出行(含通勤出行)为荣,将城市公交认为只是低收入群体出行工具的错误观念造成了小汽车保有量井喷式增长、使用强度不断加大。以小汽车为主的通勤出行始终保持较高的比例,每位小汽车的使用者都应该为其所产生的环境和资源消费支付相应的费用的观点还没有得到广泛认同,造成了城市交通拥堵和环境问题等。

二、城市交通发展规划与低碳发展目标相背离

我国大多数城市经过长期的历史积淀,依赖于传统的规划观念,普遍形成了城市功能聚集于城市中心且土地连绵开发成片的单中心城市形态和土地利用结构。这种结构导致城市中心区人口、建筑总量不断攀升,加上政府、医疗、学校等优势资源多数集中于中心城区,土地利用功能不合理,人口密度过高,交通出行需求急剧膨胀,而交通基础设施建设又跟不上,城市公交发展水平和发展能力有限,出行观念陈旧,必然导致严重的交通拥堵和环境污染问题,能源消耗量和碳排放量迅速增加。因此,交通规划问题是城市交通拥堵问题的主要根源,转变规划观念、改变城市形态,是解决交通拥堵问题的关键。

(一)传统城市交通规划的指导思想不符合城市交通低碳发展要求

现有的城市交通相关规划没有与城市交通的低碳发展目标相结合,城市交通建设主要是为了满足机动化的"车本位"的规划指导思想,这与

城市交通的节能与低碳发展目标相背离。在实际规划编制过程中,规划者片面地认为解决城市交通拥堵问题就是解决机动车的移动问题,加快基础设施建设就可以解决交通拥堵,导致在城市规划中过度重视以车为本的道路建设。另一方面,最低碳环保的慢行交通方式——步行和自行车相关的基础设施被挤占的现象十分严重,慢行交通出行环境日益恶化,机动化交通对慢行交通的干扰严重,相互之间的交通事故频发,交通安全问题十分突出,并因此形成了恶性循环,导致慢行交通出行比例不断下降。“车本位”的城市交通规划指导思想限制了公众整体的活动范围和频率,严重影响了城市交通运行效率和能效的有效提高,影响了加快建设低碳城市交通体系建设进程。

(二)城市交通规划与城市规划缺乏紧密联系

城市规划带有刚性的性质,一旦形成和实施就难以改变,随着机动化的快速发展,城市规划的质量将对城市的出行需求、能源消耗、环境质量乃至全球气候变化产生深远的影响。长期以来,城市交通规划与城市规划缺乏紧密联系,城市规划中对城市交通的重视程度不够,城市交通对城市发展模式的引导作用没有发挥出来,缺少从环境空气质量方面对城市交通重大政策措施的量化分析以及建立相关的工作协调机制,多数城市都是沿袭圈层式、单中心的发展模式,城市规模不断扩大,并呈蔓延式发展,交通供需矛盾日益突出,环境空气质量不断下降,城乡二元结构十分明显,城市公共交通服务范围和服务能力亟待提高。

(三)城市综合交通规划没有完全纳入到法定的城市总体规划之中

制定城市综合交通规划与否缺乏法律依据,有的城市虽编制了综合交通规划,但没有按照规定的程序进行审批,导致综合交通规划编制和修订的随意性现象十分严重;有的城市甚至没有编制城市综合交通规划，交通基础设施建设难以落实，严重影响了城市综合交通系统整体效益的发挥。在城市内部，政府对地铁、公共电汽车、出租汽车、慢行交通等不同交通方式的发展缺乏系统的规划和控制，对连接不同方式的换乘枢纽的建设投入严重不足，尚未建立起一体化的综合交通枢纽，各种不同运输方式自成体系，换乘不便，影响了综合运输效益的充分发挥，也同时影响了结构性减排的重要作用。

三、与交通低碳相关的法律法规执行不力

我国城市交通运输部门的节能减排工作缺乏总体上的宏观战略指导，导致城市交通节能减排与低碳发展目标不明确，方式不清晰，动力不足。从国家层面，2007 年 11 月，交通部发布了《关于促进道路运输业又好又快发展的若干意见》，提出了推进道路运输节能减排，深化结构调整，转变增长方式，建设资源节约、环境友好型行业的七项政策措施。为促进交通节能与交通协调发展，2008 年，又出台了《公路、水路交通实施〈中华人民共和国节约能源法〉办法》。2011 年，交通运输部发布了《公路、水路交通运输节能减排“十二五”规划》。2013 年，交通运输部发布了《加快推进绿色循环低碳交通运输发展指导意见》，但是这些意见办法中涉及城市交通的内容十分有限。

迄今为止，我国还没有建立起保障城市公交优先发展的统一的法律法规体系。国家层面的城市公共交通条例迟迟没有出台，由此导致公共交通发展的规划、建设、运营和管理等诸多环节无法可依，缺乏有效的政策支持，行业发展政策不稳定，随意性较强，造成城市公交在用地、资金、路权和运营补贴等方面的需求无法落实，地方上由于缺少宏观政策的指导，公交优先发展战略难以落到实处。小汽车管理职能依旧分散在交通运输、公安、工信、环保等多个部门，缺少长期有效的联合工作机制。慢

行交通的管理更加复杂,缺少系统规划和建设资金。行业上下对低碳发展的认识不够,重视程度不足。

相关法律法规对个体节能减排行为的鼓励和保障措施不足。目前,我国尚没有一项法律法规对城市交通中的个体节能减排行为进行鼓励和引导,这也导致了现行城市交通节能减排工作的推动力不足。国外的经验表明,只有把节能减排工作由政府独立引导逐步转变为政府政策引导和民众自觉参与相结合,才能做到事半功倍。

四、公交优先发展战略没有得到很好地落实

(一)城市公交发展总体滞后,公交服务水平亟待提高

与国外发达国家相比,我国城市公共交通的服务水平较低,在我国城市的交通出行结构中,大容量公交建设形成规模的城市不多,公交出行比例为10%~20%,远远低于类似规模的发达国家城市的平均水平(50%~70%)。受交通拥堵所困,多数城市的公交运行速度越来越低,一些特大城市干道平均车速比10年前降低约50%,干道网的平均饱和度达到0.8~0.9,高峰时段大城市主要道路成了缓慢移动的停车场。公交车速越来越低,加上公交候车时间长、覆盖率不高、换乘不方便、准点率差等因素,导致居民对城市公共交通服务的不满意程度高达70%以上,公交的吸引力下降。相对于快速发展的城市经济,城市公交发展总体严重滞后。在机动化出行中,城市公交与私人交通长期处于相互竞争的局面,两者之间此消彼长。因此,交通需求的急剧膨胀,城市公交发展不力,将更加刺激个体交通特别是小汽车的增长,导致交通拥堵加剧,进而恶化了公共交通出行环境,并因此形成了恶性循环。

(二)公共交通规划的组织管理制度不健全,规划落实不到位

长期以来,城市公共交通规划没有得到足够的重视,虽然很多城市

已经编制了城市公共交通规划,但往往是有了需求才注重城市交通路网、轨道等交通基础设施建设,缺少系统、科学的规划和前期引导,供给相对于需求的滞后造成更为严重的城市交通拥堵、能源浪费和环境污染问题。

在城市用地和交通规划上,通常的模式是"先用地规划,后交通规划",由此决定了交通规划的从属地位。而且,规划中公交设施用地缺少相应的监督保障机制,城市用地十分紧张,导致规划落实不到位,城市公交停车场地普遍严重不足。

(三)城市公共交通资金来源渠道单一,行业发展投入不足

1. 公交投入整体不足

改革开放后相当长一段时期内,许多地方城市政府基本没有认识到公交优先战略在整个城市发展中的重要地位。中央及地方政府每年用于交通的财政投入主要用于公路、铁路干线和农村道路建设等方面,特别是城市建设中的固定资产投资更多地投向道路和桥梁等基础设施。在以政府为主的城市公共交通固定资产投资增长速度明显低于其他一些城市市政设施建设投资增长速度,城市公共交通固定资产投资占城市市政设施固定资产投资的比重与其实际的重要地位不相符。

以"十五"时期为例,市政公用设施建设固定资产投资累计增长238%,而城市公共交通的固定资产投资只比这个增幅高出了7%,明显低于市容环境卫生、道路桥梁、集中供热等市政公益服务。这种局面在"十一五"期间得到了有效改善,但与需求仍相差甚远。

根据联合国相关组织的研究表明,一个城市的基础设施投资占GDP的比重为3%~5%是比较合适的范围,而公共交通的投资比例占城市基础设施投资的比重保持在14%~18%为宜。据统计数据,我国城市公共交通投资占城市市政公用设施建设固定资产投资比重在2007年之前长期低于这一范围。一些大城市的城市公共交通固定资产投资甚至是负增长，例如广州市2007年市政公用设施建设固定资产投资中，供水投资较2006年增长了20.1%，市容环境卫生投资增长了16.3%，城市道路桥梁投资增长了2.3%，而同期城市公共交通投资减少了4.1%。而同期城市道路桥梁等固定资产投资占比却远远高于城市公共交通固定资产投资的占比，在2004年后者比前者高6倍。在2008年，城市公共交通固定资产投资占比上升到14.1%，两个比重的差距也缩小到2倍左右，并首次进入14%这一适宜的比例范围。这说明，长期以来我国城市建设中的固定资产投资更多地投向道路和桥梁等基础设施，部分原因是城市道路和桥梁等基础设施更能直观反映城市化过程中城市的变化，也更能体现地方领导的执政业绩，而城市公共交通作为一种公共服务更多的是通过市民出行的主观满意程度来评价，从而未能引起地方政府领导对公交优先重要地位的足够重视，出现重建设轻运营的现象。

2. 缺乏规范的、稳定的公交补贴机制

多数城市目前尚未建立对公交企业经济效益的考核评价机制，企业的经营性和政策性亏损无法明确界定，缺乏科学合理的公交定价机制和稳定的补贴机制。而且，公交补贴也没有与公交服务质量考核体系挂钩，缺乏联动性。

3. 政府对公交企业的补贴范围没有清晰的界定

很多非经营性的亏损项目没有被纳入补贴范围（例如：公交冷线、通乡公交线路、通村公交线路、政府强制要求的车辆更新、学生优惠票价等），导致企业负担过重、生存压力十分严峻。同时，使得有限的补贴无法保证用在最需要补贴的线路和企业，使得该补的没补上，不该补的反享受到了补贴，导致了等、靠、要不良风气的滋生。

4. 补贴金额缺乏科学的核算机制和手段

目前我国大多数城市缺乏规范的公交企业运营成本监管及核算办法，无法科学测算政策性亏损补贴额，不少城市政府只能通过与公交企业讨价还价的形式确定补贴额，因此，很多公交企业无法获得足额补贴，导致公交企业运营压力越来越大，影响了公交企业的运营积极性，服务质量难以进一步提高。科学的补贴金额需要充分考虑每车公里运营收入与合理成本的计算。在营收方面，我国现在实行人工售票和IC卡计费系统并存。所以在核实营业收入数额时，还需要抽查运营车辆售验票情况。在没有完全实现电子票证的情况下，营业收入情况难以透明化；在成本核算方面，公交企业的成本并未以路线划分，车辆、燃料、人力等资源的消耗数量，相互间有许多交叉重叠的地方，很难单独计算与审核。由于收入与成本都难于准确计算，补贴的额度也难于确定。

5. 补贴效果不尽如人意

长期以来，公共交通企业主要依靠政府补贴，运营效率不和经济挂钩，服务质量下降也与企业生存无关。经营者面对补贴、运行成本、服务质量三个问题，花费最大力气的往往是争取更多的补贴而不是降低运行成本。随着新线路的开辟和成本的增加，企业亏损和对其补贴逐年增长。一些大城市和特大城市交通紧张的状况日趋加剧，成为社会关注的热点，巨额的公共补贴并没有完全起到应起的作用。

6. 城市公交的票制票价体系不完善

我国城市公交的价格长期处于无章可循的不规范状态，导致价格和价值严重背离，经营成本和平均运价的差距越拉越大。在制定公交票价时，普遍存在一刀切的问题，价格单一，缺乏联动性，难以形成体系，影响了城市公交的快速发展。尤其是2004年实施公交优先战略以来,大多数城市开始推行低票价政策。实行低票价政策,对抑制私人交通、改善出行结构和缓解道路交通拥堵有明显的效果,但也给地方政府带来了更大的财政压力,而且对公交的可持续发展和服务水平的提高非常不利,制约了城市公共交通能效的有效快速提高。

五、对低能耗、低排放的清洁环保型车辆的鼓励力度不够

从我国的发展现状来看,自行车出行比例逐年下降,电动汽车还处于政府主导的批量需求的初始阶段,导致我国低能耗、低污染交通方式的出行比例较低,城市交通低碳发展空间很大。

新能源汽车示范推广刚刚起步,且规模有限。新能源汽车主要包括纯电动汽车、混合动力汽车和燃料电池汽车。在政府有效的财政政策支持下,过去几年,以电动汽车为代表的新能源动力车在我国已有一定发展基础。但由于现阶段新能源汽车成本较高、经济性较低、缺乏配套基础设施建设等原因,在短期内难以大范围推广。截至2013年底,全国新能源公交车辆约为2.22万辆,仅是总量的4.4%。为了加快新能源车辆的应用推广,2015年3月,交通运输部首次发布了《交通运输部关于加快推进新能源汽车在交通运输行业推广应用的实施意见》(交运发〔2015〕34号),明确了新能源汽车的总体目标:至2020年,新能源汽车在交通运输行业的应用初具规模,在城市公交、出租汽车和城市物流配送等领域的总量达到30万辆;新能源汽车配套服务设施基本完备,新能源汽车运营效率和安全水平明显提升。

现在电动汽车的发展问题有:技术不过关、上牌照和保险难等问题。在电动汽车办理上牌照等手续时,各地政策不统一,比较混乱,而且地区之间的政策也不统一,极大地阻碍了电动汽车的快速发展;新能源混合

动力车发展较好，但目前产量小、成本高，应用规模有限；燃料电池车辆仍保持在实验室阶段。总体来看，与依靠先进车辆技术达到节约能耗和减少污染预期的目的相差甚远。

六、出租汽车空驶率高、资源浪费严重

由于出租汽车目前都是"巡游"式的运营模式，导致空驶率较高，宝贵的汽油资源白白浪费。"巡游"式的运营模式，无效地占用了大量的道路资源，进一步加剧了城市交通拥堵。出租汽车空驶和低承载率行驶所产生的排放物，加剧了城市空气污染、恶化了生活环境。

（一）空驶率高、能源浪费严重

以北京为例，北京出租汽车保有量约为6.66万辆。据北京居民出行调查显示，出租汽车日均行驶里程300km，空驶率在40%以上，按百公里平均油耗10L计算，北京每天因出租汽车空驶而消耗的汽油多达80万L，按照6.0元/L的汽油价格推算，北京每天因出租汽车空驶而带来的油耗损失约480万元，由空驶产生的CO_2排放量约1800t。按照全国出租汽车133.52万辆（2013年数据）来算，全国每年的损失总和超过百万吨成品油或近百亿元。

（二）交通资源无效占用高、交通拥堵加剧

在我国大城市，出租汽车也是导致城市交通拥堵日益加剧的重要原因之一。以北京为例，出租汽车空驶率居高不下，并且交通资源无效占用严重，日益严重的交通拥堵致使越来越多的出租汽车驾驶员在高峰期不愿意参与运营，加剧了出行难、打车难问题。同时，出租汽车的活动空间分布不均衡，多数驾驶员只愿意在四环内活动，四环内出租汽车出行占全市出租汽车出行总量的80%以上。

七、城市交通的污染物排放迅速增加

尽管我国机动车排放标准不断提高，但由于私人小汽车保有量及出行量迅速增加，城市交通的污染物排放量持续攀升，空气污染日趋严重。机动车排放是 PM2.5 的重要来源，机动车不仅直接排放 PM2.5，而且尾气排放的 NO_x、HC，会经过复杂的化学反应转化成为 PM2.5。据北京市环保局组织北京市环保监测中心，联合北京大学和中国环科院等科研单位共同开展的 PM2.5 来源解析研究所得数据，在本地污染贡献中，机动车尾气排放是 PM2.5 的最主要来源，占到 30% 以上，其次是燃煤、工业生产、扬尘等。据上海市环保局研究表明，上海环境空气中 PM2.5 主要来自于机动车排放，占到半数，为全国最高，上海市机动车尾气排放成为产生 PM2.5 颗粒的“元凶”之一。

根据《2015 年机动车污染防治年报》，2014 年全国机动车四项污染物排放总量为 4547.3 万 t，比 2013 年增加 0.5%。其中，CO 3433.7 万 t、HC 428.4 万 t、NO_x 627.8 万 t、PM 57.4 万 t。汽车是污染物排放总量的主要贡献者，其排放的 CO 和 HC 超过 80%，NO_x 和 PM 超过 90%。

2012 年以来，雾霾天气频发，多地 PM2.5 污染严重，交通污染已成为很多大中城市空气污染的主要来源，机动车排放的 CO、HC 等占排放总量的 40% ~75%，NO_x和 O_3超标严重，空气质量严重恶化。机动车排放的高浓度 CO 和 NO_x 主要出现在城市主要道路两侧和交通密集区域，驾驶员、交通警察长期处于空气污染严重的环境中，乘车者、骑车者和行人也深受道路空气污染的危害。光化学烟雾是大气中 NO_x、HC 和氧化剂在日光作用下形成的二次污染，对人体危害较大，甚至造成生命危险。随着我国机动车的快速发展，今后一些城市发生光化学烟雾污染事故的可能性加大。

八、城市交通低碳发展的能力建设不足

(一)现行城市交通的能源管理体制不健全

我国城市交通的管理体制较乱,部门交叉多,职能定位不清晰,几乎没有与节能相关的管理和统计工作,现行的管理体制不适应城市交通综合节能工作的需要。城市交通的节能减排工作近几年才引起交通运输、政府部门的重视,但是,由于政府对交通节能管理的基础薄弱、能力不足,几乎所有的城市都没有开设城市交通节能的服务机构,城市交通运输部门的能源管理工作大都由其他业务部门兼管,人员编制严重不足,而且缺乏具有节能专业知识、实际经验的工作人员。另外,城市交通的主管部门缺乏节能相关的财政预算,对相关科研机构、企业节能机构的支持不足,城市交通的节能减排管理工作进展缓慢。

(二)有关能效、节能方面的统计基础薄弱、体系不完善

由于长期以来城市交通的能效和节能意识淡薄,城市交通能源统计工作一直以来仅仅被当作是一项生产活动中可有可无的附属工作,基础十分薄弱。到目前为止,有关城市交通的能效、节能的指标体系没有建立起来,现有国家、城市统计部门的能源统计中,终端部门划分为三次产业和生活部门,没有专门针对交通能耗的统计指标,仅在第三产业中计入了“交通运输、仓储及邮电通信业”,且没有具体的分类统计,不能反映各种交通方式的能耗、能效水平,给城市交通能效管理和节能工作带来极大不利,决策者难以得到准确和系统的有关交通能耗、能效信息来指导日常工作。

(三)缺乏国家城市交通、能源和环境数据库

随着能源安全和温室气体排放形势的日趋严峻,对城市交通领域能源消耗、温室气体和污染物排放的研究越来越受到人们的重视。而要进

行系统、科学的研究，就需要有翔实、全面的数据作为支撑。

目前，我国缺乏完备的城市交通能源、环境数据库，给科学研究和管理部门决策带来了很多不便。为了准确反映城市交通系统的能源消耗情况，以挖掘节能减排潜力，达到降低能源消耗和减少温室气体排放的目的，就必须充分分析城市交通的能源需求、能源效率和排放强度，而所有这些都需要更多的基础数据作为支撑。

（四）缺乏适应市场经济环境的城市交通节能监测与激励机制

目前，由于城市交通的复杂性，以及一些历史的原因，城市交通仍处于管理主体分散，各种运输方式管理主体不统一、各个城市交通管理方式不统一的复杂局面，尽管政府不断在进行管理体制改革，但进程缓慢，城市交通相关的有效交通节能减排监测、激励机制并没有有效建立起来，直接影响低碳交通工作的开展。现有的激励机制没有发挥以税收、价格等杠杆引导节能的作用，没有形成以国家和地方资金为引导、企业资金为主体的低碳交通投入机制，没有设立各个层次的低碳发展专项资金，用于鼓励、支持节能产品和技术的开发、推广和应用，有效促进城市交通节能减排与低碳发展工作的落实。

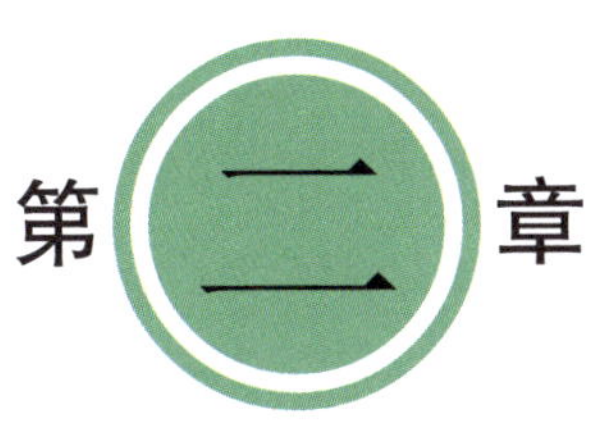

城市交通温室气体排放清单

第一节　温室气体排放清单编制方法

一、IPCC 清单编制方法论

联合国政府间气候变化专门委员会(Intergovernmental Panel on Climate Change,简称 IPCC)清单编制方法论虽然主要为国家清单编制参考,但其中的方法对部门、行业清单编制也有极为重要的参考价值。尤其是其中将固定源和移动源区别对待,对道路交通、城市交通的温室气体排放清单编制有直接指导意义。

目前,用于参考的 IPCC 清单编制方法论主要来自于以下三册连续出版物:《IPCC 国家温室气体清单编制指南》(1996 年修订版,以下简称《IPCC1996》)、《IPCC 优良做法和不确定性管理》(2000 年,以下简称《IPCC2000》)、《2006 年国家温室气体清单编制指南》(以下简称《IPCC2006》)。在科学上,《IPCC2006》可以取代前两册出版物,但出于政治原因以及对排放清单结果一致性的要求,《IPCC1996》和《IPCC2000》仍在广泛使用,2015 年后《IPCC2006》才可能正式得到法律认可的应用。因此,这里对这三册出版物中所使用的方法一并进行介绍和评述。

(一)IPCC 清单编制方法论概述

总体而言,IPCC 方法以“层次”(Tier)的形式提供,层级越高,方法越复杂,需要的数据也越多,估算结果可能越准确。Tier1 泛指只区分燃料类型,不区分技术(设备)类型的估算方法。体现在道路交通,就是只需要了解汽油、柴油等燃料总消耗量和相对应的排放因子即可;Tier2/3 方法则需要区分技术类型，即不同类型的技术和设备对排放强度的影响非常大，特别是 CH_4 和 N_2O。具体到道路交通，Tier2 要求获取或估算不同类型机动车的能源消耗水平以及相对应的排放因子，Tier3 则需要获取不同类型机动车的年行驶里程数（以下的车公里表示同样概念）以及相对应的排放因子。在其他部门，Tier2/3 可能有不同的具体方法，这里不赘述。在《IPCC2006》中，Tier 的定义有不同含义，见后文所述。

对于关键排放源（即累计排放量达到总量 95% 的排放源），IPCC 要求使用 Tier2/3 方法以及国别排放因子；对于非关键源，Tier1 方法也能满足要求。

IPCC 要求清单编制满足透明（transparent）、准确（accurate）、完整（complete）、一致（consistent）和可比（comparable）的要求。“透明”要求所有的活动水平和排放因子数据有据可查，可追溯，可查证；“准确”要求估算结果尽量接近实际情况，特别要求对关键排放源使用能反映本地特色的排放因子；“完整”要求清单计算尽可能覆盖所有的排放源和排放气体；“一致”要求系列清单在数据来源、计算方法等方面保持稳定；“可比”要求不同国家（地区、行业）的清单具有可比较的特点，也就是遵循共同的方法论、覆盖相同的排放源和气体。具体到道路交通和城市交通，这 5 个原则同样具有适用性。

1.《IPCC1996》道路交通温室气体清单编制方法论

《IPCC1996》指出，估算移动源排放有很多困难，因为它需要众多参数和对运营、维修状况进行描述，例如：

①机动车类型。

②燃料消耗情况。

③运营特点。

④尾气排放控制技术类型。

⑤车辆维修状况。

⑥车龄分布。

《IPCC1996》给出了计算道路交通温室气体清单的一般性公式：

$$\text{Emissions} = \sum\sum\sum Activity_{abc} \times EF_{abc} \quad (2\text{-}1)$$

式中：*Activity*——某种类型机动车的活动水平（能源消耗量或车平均行驶里程）；

EF——某种类型机动车的排放因子（kg/TJ 或 kg/km）；

a——燃料类型（汽油、柴油、LPG 等）；

b——机动车类型（小汽车、重型车等）；

c——尾气排放控制类型。

计算道路交通的温室气体排放需要如下步骤：

第一，利用国家统计数据（或其他渠道）获取道路交通的分燃料品种能源消耗量；第二，对每一种燃料类型，确定不同种类机动车的消耗量（单位以标准量而不是实物量计）。如果选择行驶里程作为活动水平，那么需要确定不同类型机动车的行驶里程。在后一种情况下，需要测算基于行驶里程的能源消耗量以保证与国家统计数据的衔接。如果需要，应该进一步区分安装不同种类尾气控制设备的机动车的活动水平；第三，确定与活动水平相对应的排放因子。《IPCC1996》中有众多的缺省排放因子供参考。但这只是个起点，IPCC 鼓励各国对关键排放源采用国别排放因子或能反映本地特点的因子。第四，计算分燃料、分机动车类型（以及分污染物控制技术）的道路交通温室气体排放量。

《IPCC1996》中有大量篇幅描述美国和欧洲编制本地道路交通清单的案例以及众多缺省排放因子。总体而言，《IPCC1996》中所使用的方法是后续出版物的基础，但就对道路交通温室气体清单编制方法论的表述，将 CO_2、CH_4 和 N_2O 三种气体并列描述，没有清晰地指明 CO_2 和 N_2O/CH_4 排放特征不一样、适用不同方法，因此显得较为混乱。《IPCC2000》则弥补了这一缺憾。

2.《IPCC2000》道路交通温室气体清单编制方法论

《IPCC2000》充分考虑到机动车燃烧排放 CO_2、CH_4 和 N_2O 的机理和影响因素不尽相同，对上述 3 种温室气体分别提出了不同的估算方法和决策过程。

1）CO_2 排放量估算方法

《IPCC 优良做法指南》认为，计算 CO_2 排放量，最好的方法就是用分燃料品种的能源消耗总量和它们的碳含量来计算，即 Tier1 方法。不论是基于行驶里程的活动水平数据（例如行驶平均行驶里程）还是分类更详细的燃料消耗量可能都不如总的燃料消耗量准确，除非有特殊情况（如有严重的走私现象），否则"自上而下"的方法既可靠又简单。该方法的主要问题是要避免与农业机械和非道路机动车辆的重复计算。另外，也要注意是否存在以交通用能名目销售的燃料用于其他用途。图 2-1 是道路交通 CO_2 排放方法选择决策树。

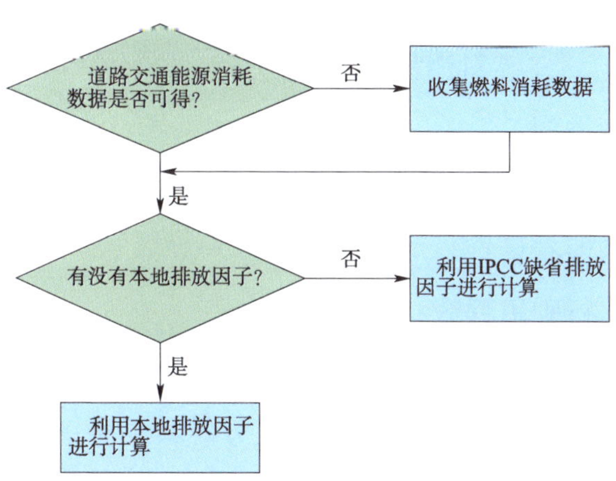

图 2-1　CO_2 排放量估算方法选择决策树图

计算公式为:

燃料消耗量与燃料含碳量相乘,扣除存储的碳量,然后用氧化率进行修正,这样就可以得到最终的 CO_2 排放量,见下式:

$$CO_2\ 排放量 = \sum_j [(碳含量_j \times 燃料消耗量_j) - 碳存储量] \times 碳氧化率_j \times 44/12 \tag{2-2}$$

式中:j——燃料品种。

同时,《IPCC2000》也认为,在应用自"上而下法"(即 Tier1)的同时,利用"自下而上"方法(Tier2/3)也是好的做法。原因有两点:

①两种方法同时使用可以提供重要的清单质量考察手段。如果两种方法的计算结果有明显差别,说明其中一种或两种都有误差,需要进一步分析。

②可靠和准确的"自下而上"方法可以增加活动水平数据的可信度,这对计算 CH_4 和 N_2O 的排放量是非常重要的。

Tier2/3 的计算方法为:

此方法分为两步:第一,计算分车辆类型、分燃料品种的能源消耗量:

$$燃料消耗量_{ij} = \sum_i \sum_j n_{ij} \times k_{ij} \times e_{ij} \tag{2-3}$$

式中:i——车辆类型;

j——燃料品种;

n——车辆保有量;

k——年车行驶里程数;

e——燃料经济性(L/km)。

第二,将能源消耗量与分车辆类型、分燃料品种的排放因子相乘,得到总的 CO_2 排放量:

$$CO_2\ 排放量 = \sum_i \sum_j (排放因子_{ij} \times 燃料消耗量_{ij}) \tag{2-4}$$

《IPCC2000》强调，如果同时使用这两种方法计算道路交通的 CO_2 排放量，建议独立采用两种方法，避免互相参照。

2）CH_4 和 N_2O 排放量估算方法

CH_4 和 N_2O 排放要比 CO_2 排放复杂得多，因为它们的排放因子更多地取决于车辆技术类型（特别是污染物排放控制技术）、燃料和行驶工况。因此，针对这两种气体，《IPCC 优良做法指南》认为好的做法是采用考虑不同控制技术的“自下而上”的方法。另一方面，《IPCC 优良做法指南》还建议应该首先判断道路交通是否是这两种温室气体的关键排放源，如果不是，可以采用 Tier1 方法；如果是，那么就应该采用“自下而上”的方法，即 Tier2 和 Tier3，需要收集关于不同技术类型车辆的能源消耗情况或车辆年平均行驶里程，见图 2-2。

因此，如果道路交通是 CH_4 和 N_2O 的关键排放源，所需要收集的活动水平数据要复杂得多，需要考虑众多因素：车辆类型、污染控制技术、车龄分布、气候条件、地理位置、车辆维修情况等。

《IPCC2000》清晰地指出，道路交通的 CO_2 与 CH_4、N_2O 排放影响因素不一，选用方法可不同。但这两类方法并不互相排斥，Tier2/3 方法对 Tier1 能起到非常好的校核作用，特别是对那些交通统计体系不太健全的国家和城市。

3.《IPCC2006》道路交通温室气体清单编制方法论

由于技术的发展，相比《IPCC2000》和《IPCC1996》，《IPCC2006》中基于能源燃烧的温室气体排放方法做出了一些调整。相关的内容包括：

（1）“层次”的定义发生了一些变化。Tier1 指基于分燃料品种的消耗总量法（与前两版的 Tier1 定义一样）；Tier2 与 Tier1 类似，但要使用国别或本地排放因子。《IPCC2006》指出，由于国别排放因子应该是基于不同类型技术汇总而来的，因此活动水平也最好能够反映到技术类型而非一个汇总数；Tier3 只针对非 CO_2 气体，特指利用排放模型或点源数据的方法。如果监测方法得当，Tier3 可以更好地估算 N_2O 和 CH_4 排放量。

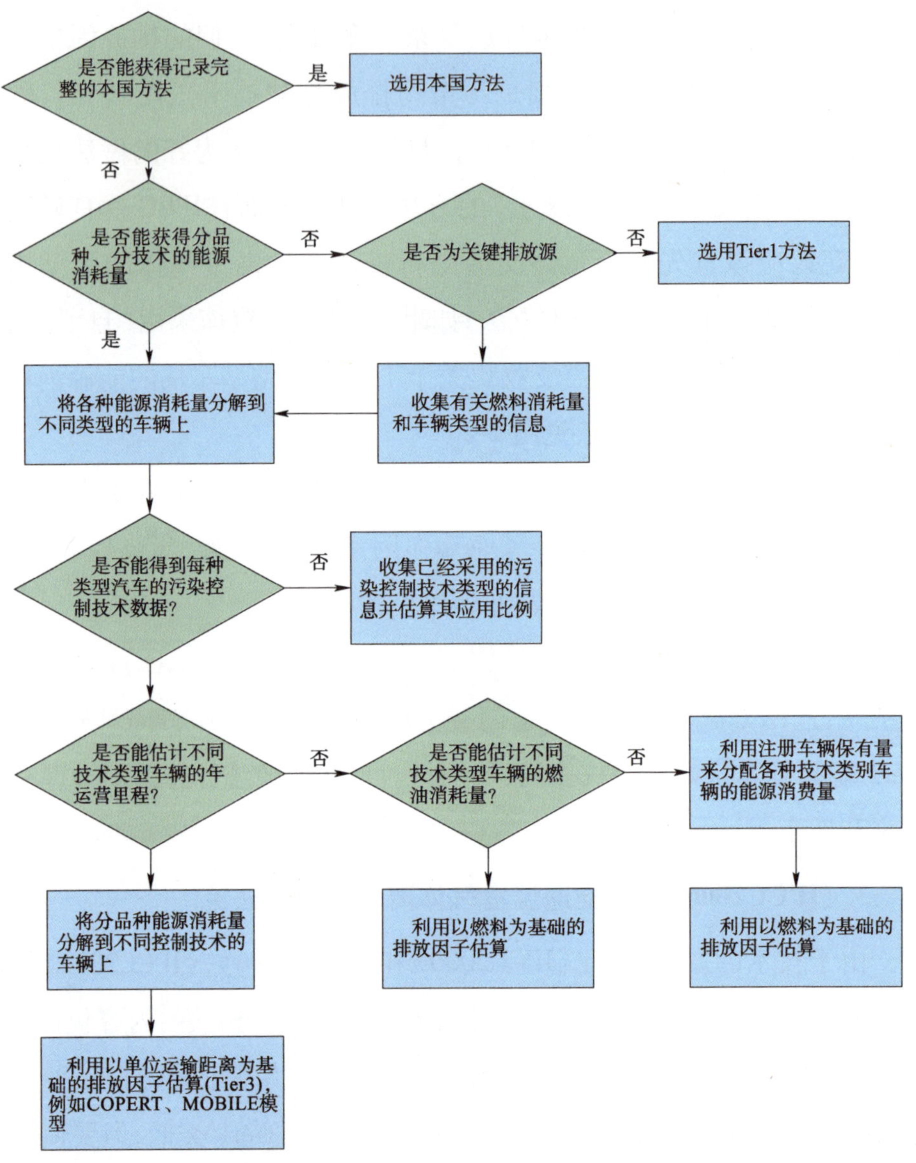

图 2-2　CH_4 和 N_2O 方法选择决策树

(2)弱化燃料氧化率问题。在前两册的方法论中,碳氧化率是一个非常重要的修正排放量的参数,而在《IPCC2006》中缺省碳氧化率一律设置为 100%,但可以合理扣除非 CO_2 气体中所包含的碳(通常来说,非 CO_2 气体中所包含的碳量非常小)。

(3)对一些特定技术的重点考虑,例如碳捕获和封存(CCS)、尿素基催化转化技术(UREA - BASED CATALYTIC CONVERTERS)等。

就道路交通而言,《IPCC2006》推荐的方法如下:

1)CO_2 排放量估算方法

《IPCC2006》认为,估算道路交通 CO_2 排放量的最好方法就是利用燃料消耗量(理论上等同于燃料销售量)与它们的碳含量。如果选用了国别或本地燃料碳含量数据,那么相当于 Tier2,否则相当于 Tier1,决策树见图 2-3。

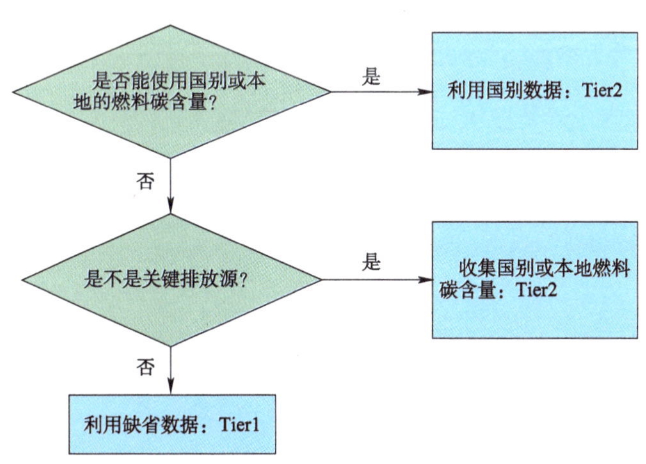

图 2-3　《IPCC2006》中的道路交通 CO_2 排放决策树

具体公式如下:

$$CO_2\,\mathrm{emissions} = \sum_j Fuel_j \times EF_j \tag{2-5}$$

式中:*Fuel*——燃料销售量(TJ);

EF——燃料碳含量(kg/TJ);

j——燃料品种。

2）CH_4和N_2O排放量估算方法

《IPCC2006》提供了3种计算道路交通估算CH_4和N_2O排放量的方法。一个基于车辆行驶里程（VKT，Tier3），另外两种基于燃料消耗量（Tier1/2）。Tier3方法非常复杂，需要详细的、能反映本地特色的排放因子，很多情况下需要模型的介入。Tier3中，机动车分类不仅能反映尾气控制技术类型，还能反映车辆的车龄分布；VKT最好还能反映在不同道路类型上的分布（例如一般道路、高速公路）。Tier2需要分燃料、分车型和分污染控制技术的燃料消耗量及排放因子；Tier1则只需要分燃料品种的燃料消耗数据，如图2-4所示。

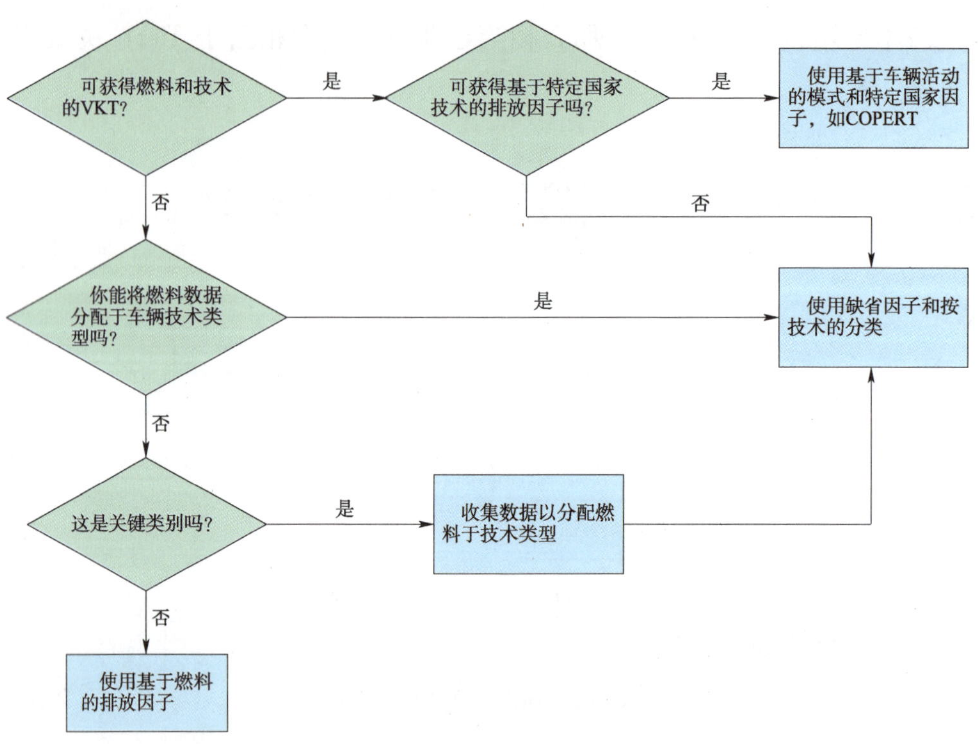

图2-4 《IPCC2006》中的道路交通CH_4和N_2O排放估算决策树

具体公式如下：

使用 Tier1 方法：

$$CH_4/N_2O \text{ emissions} = \sum_j Fuel_j \times EF_j \tag{2-6}$$

式中：*Fuel*——燃料销售量（TJ）；

EF——燃料碳含量（kg/TJ）；

j——燃料品种。

使用 Tier2 方法：

$$CH_4/N_2O \text{ emissions} = \sum_i \sum_j \sum_k Fuel_{i,j,k} \times EF_{i,j,k} \tag{2-7}$$

式中：*Fuel*——燃料销售量（TJ）；

EF——燃料碳含量（kg/TJ）；

i——车辆类型；

j——燃料类型；

k——污染物控制技术。

使用 Tier3 方法：

$$CH_4/N_2O \text{ emissions} = \sum_i \sum_j \sum_k \sum_m VKT_{i,j,k,m} \times EF_{i,j,k,m} + \sum_i \sum_j \sum_k \sum_m C_{i,j,k,m} \tag{2-8}$$

式中：*VKT*——车辆年平均行驶里程（km）；

EF——燃料碳含量（kg/km）；

i——车辆类型；

j——燃料类型；

k——污染物控制技术；

m——运行条件（城市工况、高速工况等）；

C——热车阶段的排放（冷起动）（kg）。

相比《IPCC1996》和《IPCC2000》，《IPCC2006》加入了新的影响因素：运行工况和冷起动下的额外排放。城市工况下，机动车走走停停，排放强度应高于高速工况。那么冷热起动又是指什么呢？研究认为，机动车刚刚起动时，排气温度达不到催化剂运转所需要的温度（大概是300℃），CH_4以及CO和HC会超标排放，对于没有安装催化转化器的发动机来讲达不到运行温度也会出现同样情况。一般来讲，在汽车起动的180～240s内，温度可以上升到需要的水平。也就是说，在机动车行驶的前3km，CH_4的排放强度应与正常温度行驶下的排放强度显著不同。《IPCC2006》还特别指出，如果有可能，燃料类型还应该根据含硫量进行进一步细分。一般而言，尾气控制技术需要配合低硫油（含硫量低于50ppm[1]），否则催化剂会失去活性，造成CH_4和N_2O超排。如此多的影响因素，利用模型是必不可少的。使用模型可以保证一致性和透明度，原因在于软件包内的计算过程已经相对固定。

3）活动水平的校核

由于存在两种活动水平数据——能源消耗量和VKT，这两种数据之间的相互校核显得非常重要。一般来说，如果关于道路交通的能源消耗数据相对准确，那么需要对VKT进行多番调试，达到平衡；如果能源消耗数据不是非常准确，那么VKT数据可称为校正能源数据的重要途径。不论怎样，两套数据如果出现重大差别，说明有一套数据出现不可忽视的误差，需要重新调整和分析。因此，《IPCC2006》强调来自统计部门的能源消耗数据与基于VKT的能源数据是道路交通温室气体清单编制质量保证和质量控制（QA/QC）的重要手段。基于VKT的能源消耗数据利用以下公式计算：

$$\text{Estimated fuel} = \sum_i \sum_j \sum_t (Vehicle_{i,j,t} \times VKT_{i,j,t} \times Inten_{i,j,k}) \tag{2-9}$$

式中：Estimated fuel——基于VKT数据计算的能源消耗总量；

[1] $1ppm = 10^{-6} mg/L$。

Vehicle——机动车保有量；

VKT——车辆年均行驶里程(km)；

Inten——燃油经济性(L/km)；

i——车辆类型；

j——燃料类型；

t——行驶工况(城市、高速、乡村道路)。

当然，如果基于行驶工况的数据不可得，这个公式可以省略 *t* 项；如果有关于冷热起动的数据，当然更好。

(二)IPCC 方法汇总

从《IPCC1996》、《IPCC2000》到《IPCC2006》，道路交通温室气体清单编制的方法越来越清晰。对于 CO_2 清单编制，方法走向简单明了；对于 N_2O/CH_4 清单编制，由于影响因子众多，方法走向精细化和复杂化，利用模型成为大势所趋。表 2-1 对 IPCC 方法进行了汇总比较。对我国的道路交通而言，CO_2 是最主要的排放气体，应在提高国家道路交通能源统计方面花大力气；N_2O、CH_4 暂时排放量较低，但增长速度很快。目前，可利用较为简单的 Tier1/Tier2 方法进行计算，未来应逐步向 Tier3 发展。

IPCC 系列清单指南的 GHG 计算方法 表 2-1

气体	CO_2			N_2O、CH_4		
文件	IPCC1996	IPCC2000	IPCC2006	IPCC1996	IPCC2000	IPCC2006
方法	不清晰	Tier1	Tier1/Tier2	Tier3	Tier2/Tier3	Tier2/Tier3

二、WRI 城市交通温室气体清单编制方法论

2013 年 7 月，世界资源研究所(World Research Institute，WRI)发布了《城市温室气体核算工具指南》(测试版 1.0)(以下简称《指南》)。该工具基于由 WRI、C40 城市气候变化领导小组、国际地方政府环境行动

理事会、世界银行、联合国环境规划署和联合国人类居住区规划署共同研究开发的《城市温室气体核算国际标准(测试版1.0)》,根据中国城市特点进行了工具化。该工具有如下特点:

(一)核算边界的确定

WRI(世界能源研究所)认为,对于城市交通,需要确定地理边界。这个选择主要取决于核算目的,即用户的需求。行政区划意义上的城市、城市圈、建成区、园区和社区等都可以作为核算的地区边界。

《指南》推荐城市行政区划作为地理边界对温室气体排放进行核算,一方面符合中国以行政区为单位进行分级管理的制度;另一方面,很多数据是以行政区划为单位进行统计的。用户根据需求,也可以以大城市圈、建成区、园区和社区作为地理边界进行核算。核算方法和以行政区划作为边界相同,只是由于可能缺乏统计数据和部门数据,需主要依靠“自下而上”方式进行数据收集。

(二)直接排放、间接排放和“范围”

直接排放是指发生在城市地理边界内的排放;间接排放是指由城市地理边界内的活动引起,但发生在城市地理边界外的排放。为更好地区分直接和间接排放,《指南》继续采用了“范围(Scope)”的概念,将城市温室气体排放划分为三个“范围”:

“范围一”排放是指发生在城市地理边界内的排放,即直接排放。例如生产过程中燃烧煤炭、城市内供暖过程中燃烧天然气、城市交通车辆排放等。

“范围二”排放是指城市地理边界内的活动消耗的调入电力和热力(包括热水和蒸汽)相关的间接排放。

“范围三”排放是指除“范围二”排放以外的所有其他间接排放,包括上游排放和下游排放。前者包括原材料异地生产、跨边界交通以及购买的产品和服务产生的排放，后者包括跨边界交通、跨边界废弃物处理和产品使用产生的排放等。鉴于“范围三”排放核算的复杂性和数据的可获得性等限制因素，工具只涵盖跨边界交通和跨边界废弃物处理产生的“范围三”排放的计算。

城市交通领域排放源分类，见图2-5。

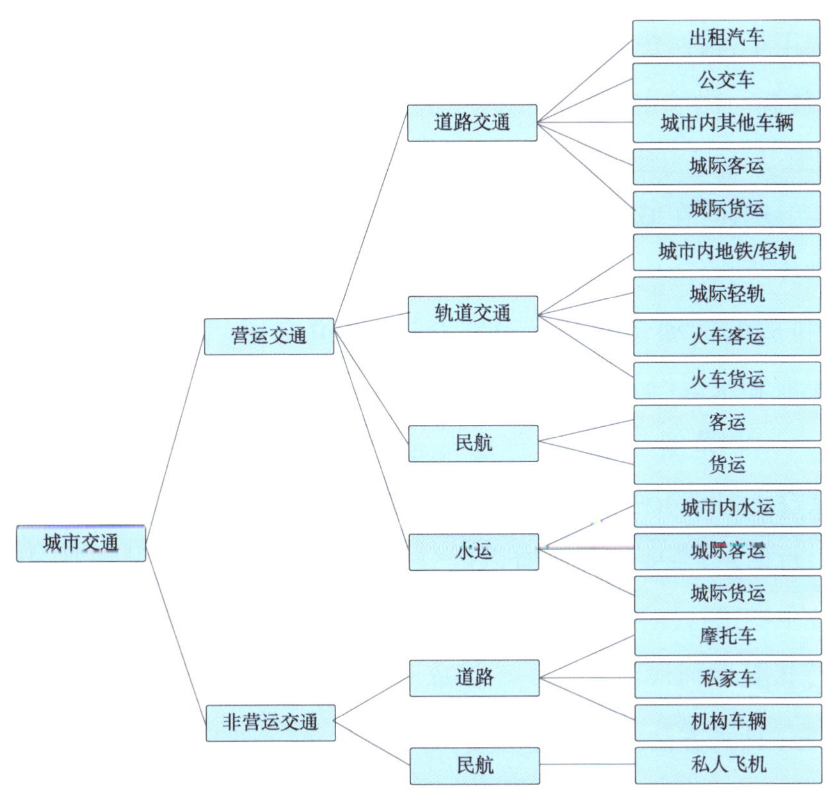

图2-5 城市交通领域排放源分类

对于城市交通而言，以上3个范围的排放都可能产生。在营运交通中，道路交通包括出租汽车、公交车、城际客运和城际货运等，其中城际客运和城际货运属于“范围三”排放，出租汽车、公交车和城市内其他属于“范围一”排放，同时根据城市具体情况，也可能存在跨边界的“范围三”排放；轨道交通包括市内地铁/轻轨、城际轻轨、火车客运和火车货运，其中城际轻轨、火车客货运属于“范围三”排放，城市内地铁/轻轨由于主要使用电力，因此属于“范围二”排放源。民航分为客运和货运，均属于“范围三”排放源；水运包括城市内水运、城际客运和城际货运，其中后两者属于“范围三”排放源。在非营运交通中，只有道路私人交通、公务车和民航。其中，道路私人交通包括摩托车、私家车等，公务车主要是指机构用车，这两类车辆既可能是“范围一”排放源，也有可能是“范围三”排放源。民航主要是指私人飞机，同道路私人交通一样，可能同时存在“范围一”和“范围三”的排放。

综上所述，在城市交通排放领域，几乎没有只产生“范围一”排放的交通排放源，只产生“范围二”排放的只有城市内地铁/轻轨，只产生“范围三”排放的活动包括城际道路交通、轨道交通（城市内地铁/轻轨除外）、民航和水运（城市内水运除外），而大部分道路交通则可能同时涉及“范围一”和“范围三”排放，这也决定了城市道路交通领域温室气体核算的复杂性。对于可能存在的道路“范围三”排放的活动，由于缺乏车辆跨边界出行信息，需要结合调研以区分“范围一”和“范围三”排放，因此需要进行车辆出行抽样调查等额外工作。如无法就上述情况进行区分的，《指南》将其全部视为“范围一”排放。

（三）计算方法

《指南》中的城市交通温室气体排放计算方法与 IPCC 方法无本质区别。根据属地原则，采用汽车保有量和抽样调查相结合的方式，通过车辆管理机构获得不同车辆类型的保有量，通过车辆出行调查收集汽车每年的燃料消耗量。这类方法的优点是减少了工作量，缺点在于无法计算外地车辆在当地行驶产生的排放。同时，如果需要区分“范围一”和“范围三"排放,则需要额外的调研工作。另外,《指南》也建议利用加油站、加气站数据。这种方法的优点是数据准确性高;缺点是只能计算出排放总量,无法区分不同交通方式产生的排放,无法区分本地车辆和外地车辆产生的排放,也无法区分"范围一"和"范围三"排放。如要对上述排放进行分类确认,则需要额外的调查工作。

此外,对城市交通也可以完全采用数据调研的方法。例如,公交车、出租汽车的数据来源于公交公司和出租汽车公司,城市内其他交通道路的数据来源包括物流公司、搬家公司、商场和机场等。这种方法的优点在于数据全面、核算结果详细,可为政策制定提供详尽的依据;缺点在于需要花费较多的时间、人力和物力。

三、省级清单编制指南

(一)我国国家信息通报中道路交通清单编制经验

根据《联合国气候变化框架公约》要求,我国分别于2004年和2012年向联合国气候变化框架公约(United Nations Framework Convention on Climate Change,简称UNFCCC)秘书处递交了初始(Initial National Communication,简称INC)和第二次国家信息通报(Second National Communication,简称SNC),其中温室气体排放清单是最重要的组成部分。在占温室气体排放总量80%以上的能源活动清单中,道路交通是关键排放源之一。相比两次清单的编制,清单的完整性和准确性得到提升,在透明度、一致性和可比性方面保持稳定。

1.方法选择:Tier1方法在我国道路交通清单编制中的适用性稍差

目前,中国道路交通消耗的能源品种主要为汽油和柴油,另有少量的替代燃料,例如天然气、液化石油气、车用乙醇和甲醇。由于中国能源统计体系的特点以及一些特殊问题的存在，利用"自上而下"方法计算道路交通的 CO_2 排放量存在一些不确定性因素和障碍。

首先，交通运输部门能源统计是中国能源统计体系中一个非常薄弱的地方。按长期形成的习惯，中国能源统计工作是按行业能耗进行统计的，一些非交通行业的道路以及大量的社会非营运交通工具的燃油消耗没有纳入交通行业的能源消耗统计，而是分散在农业、工业、居民生活等部门中。因此，统计年鉴所能提供的交通运输部门能源消耗量数据要远小于实际情况。

就道路交通而言，这个问题更为突出。受到过去"工厂办社会"和"企业办社会"的影响，很多工厂、单位都自备运输车辆（主要是汽车），承担自己的运输任务，其能源消耗计入工业或"三产"部门。道路交通的管理也存在很多问题，公路交通（即城际交通）划归原交通部（现交通运输部）负责；作为一个相对独立的领域，在相当长的一段时间内城市交通由建设部（现住房和城乡建设部）管理。虽然目前城市交通逐步改为由交通运输部门管理，但大部分城市的交通基础设施作为城市整体基础设施的重要部分归住建部管理。这种分散的管理模式使得城际交通与城市交通相互隔离，给相应的能源管理和统计带来困难。近年来，国家统计局努力将用于道路交通的能源从各个部门分离出来，并入"交通运输"一项中。但由于统计基础十分薄弱以及该行业的复杂性，成效不大。例如：2011 年，我国终端汽油消耗为 7395.7 万 t，而归口入"交通运输、仓储和邮政业"的汽油消耗仅为 3373.5 万 t，占比不到一半。其实汽油消耗范围相当狭窄，90% 以上应该在交通运输行业。

此外，中国拥有大量不纳入交通行业统计的三轮汽车（原三轮农用运输车）和低速载货汽车（原四轮农用运输车），即农用运输车。在广大的农村地区，这种机动车被广泛地用于道路交通运输。2005 年之后，载人载货上路的三轮汽车和低速载货汽车由公安交通部门管理，农田作业的拖拉机等车辆及驾驶员由农机部门管理。新规则的实施有助于提高道路交通能源消耗统计的准确性，但统计难度较大。另外，沿海油品走私现象也一直存在。

根据以上分析不难发现，在中国现有的国情及统计体系下，单独利用 Tier1 的方法来估算道路交通的活动水平具有很大的不确定性，必须采用“自下而上”的方法（Tier2），对于 CH_4 和 N_2O 排放，选用 Tier3 是不可避免的。因此，Tier2/Tier3 是 INC 和 SNC 编制道路清单时优先采用的方法。

2. 活动水平的来源、计算和校核

在 SNC 中，车辆分类较 INC 更加详细，突出的特点在于更加注重城市交通，将公共汽电车与出租汽车单列出来计算其温室气体排放。燃料品种分类也比 INC 更加详细。具体情况可参见表 2-2。

SNC 中道路交通的车辆和燃料分类 表 2-2

车型分类＼燃料分类		汽油	柴油	天然气	LPG	车用乙醇
摩托车		√	—	—	—	—
汽车合计		√	√	√	√	√
乘用车	小汽车	√	√	√	√	—
	其中：出租汽车	√	√	√	√	—
	微型客车	√	√	—	—	—
	轻型客车（MPV、SUV、9 座及以下）	√	√	√	√	—
商用客车	公共汽电车	√	√	√	√	—
	中型	√	√	√	√	—
	大型	√	√	√	√	—

续上表

燃料分类 车型分类		汽油	柴油	天然气	LPG	车用乙醇
商用载货车	微型载货车	√	√	—	—	—
	轻型载货车	√	√	—	—	—
	中型载货车	√	√	—	—	—
	重型载货车	√	√	—	—	—
	其他特种车	√	√	—	—	—
低速货车与三轮汽车			√	—	—	—

对于计算中所需要的 3 个参数:保有量、年平均行驶里程和燃油经济性,分别用以下方法或从以下渠道中获取。

1)保有量

来源于 3 个渠道:生产(包括进出口)数据、公安部上牌数据以及统计局数据。有些数据可以从统计渠道直接获取,例如:出租汽车和公共汽电车保有量数据;有些数据需要用历年产量、进出口数据进行估算,例如摩托车、低速货车;有些数据从公安部车管部门的上牌数量获取。由于计算 N_2O 和 CH_4 需要,SNC 还估算了安装不同类型污染控制技术的机动车保有量——利用表观消费量方法计算达到不同排放标准的机动车保有量(黄标车、国Ⅰ、国Ⅱ、国Ⅲ和国Ⅳ)。

2)年平均行驶里程

我国的民用车辆可以分为营运车辆和社会车辆两大类,前者指专业公路运输部门所拥有的车辆,从事公路运输(城际交通);后者指从事城市交通运输的车辆、机关单位公司等拥有的车辆和私人车辆。营运车辆只占全国民用汽车拥有量的一小部分,针对这部分车辆的统计信息比较齐全,中国交通运输协会、国家发展和改革委员会综合运输研究所、交通运输部等都有相关统计。这些统计资料一般都来自公路运输部门直属运输企业和地方公路运输部门所属运输企业，通过这些指标，可以间接地计算出车辆的年平均行驶里程。社会车辆的情况比较复杂。城市交通的公共汽车和出租汽车，一般归属各个城市相应的管理部门，例如公交公司、出租汽车管理公司等，通过对企业开展调研，可以得到这些车辆的年平均行驶里程。但是，我国现有城市近千座，规模差异极大，超大城市和中小城市公共汽车的年平均行驶里程差别很大，收集数据的成本很大。统计信息可获得性最差的是占民用汽车绝大部分比例的私人汽车和机关团体企事业单位所拥有的汽车以及摩托车。其年均行驶里程只能依赖有限的社会调研、与专业运输车辆的比较以及专家估计进行。同样，由于城乡地域等因素的差异，调查的代表性很容易受到质疑，数据收集的成本也很大。国内一些研究机构，例如中国汽车技术研究中心、汽车协会等都进行过一些范围不同的社会调研。SNC 中的所采用的数据主要来自抽样调查、媒体资料和专家估计。

3）燃油经济性

影响机动车燃油效率的因素非常多。除了汽车本身的性能，还包括汽车的行驶工况（包括速度、挡位、加减速过程等）和道路状况以及交通条件。例如在城市交通中，受交通拥堵、交叉口控制方式、行人及自行车横向干扰等因素的影响，汽车在实际行驶过程中不断进行减速、加速过程，使得汽车实际燃油消耗与匀速行驶相比显著增加。油耗增加值的大小与加、减速过程中速度的变化幅度相关。行驶里程对汽车油耗也有相当大的影响，在车辆使用初期及磨合期内，油耗较高；随着磨合期的结束，油耗开始逐渐下降，并保持相对平稳；随着行驶里程的增加，车辆的技术状况开始下降，燃油经济性开始下降，百公里油耗上升；一旦经过大修，油耗又可以变得比较平稳。由于影响因子众多，短期内难以定量化，

INC 和 SNC 主要是根据车型设计百公里油耗指标及该车型的年产量计算而来。前者可从车型(产品)设计说明书查得,年产量可以从企业年度车型产量报表获得。表 2-3 反映了某年小汽车燃油效率的计算过程。显而易见,这种处理方法所带来的不确定性依然很大。

小汽车燃油经济性计算示例 表 2-3

车型	车型产量(辆)	设计百公里油耗(L)	车型总油耗(L)	车型总油耗加权系数	车型加权百公里油耗(L)
奥迪	20217	10.4	210257	0.1072	1.1149
捷达	8219	11.0	90409	0.0461	0.5071
富康	8010	7.3	58473	0.0298	0.2175
标致	4485	8.8	39468	0.0201	0.1769
夏利	58500	4.5	263250	0.1342	0.6039
切诺基	14703	14.0	205842	0.1049	1.4686
奥拓	10020	5.0	50100	0.0255	0.1275
云雀	1590	4.0	6360	0.0032	0.0128
桑塔纳	115326	9.0	1037934	0.5290	4.7610
合计	241070		1962093	1	8.9902

注:车型总耗油量 = 车型产量 × 车型设计百公里耗油量。

车型总耗油量加权系数 = 车型总耗油量/车型总油耗量合计。

车型加权百公里耗油量 = 车型设计百公里耗油量 × 车型总耗油量加权系数。

利用 Tier2 方法计算道路交通能源消耗量后,最好能用其他来源的数据进行校核。SNC 中选取了两种校核方法:一是与能源平衡表中的汽柴油终端能源消耗总量进行校核,由专家来评判其比例是否合适;二是与全国加油站汽柴油销售数据进行对比(表 2-4)。专家总体上认为,虽然单个参数的不确定性可能比较大,但有些偏大、有些偏小,加总后的不确定性可能不大,只要与一些大数能衔接上,就能满足使用要求。

2005 年和 2008 年道路交通能源消耗数据校核 表 2-4

年份	能源类型	活动水平（万 t）	占终端消耗比例（%）	中石油中石化加油站数据（万 t）
2005	汽油	4600	94.8	1.15
	柴油	5460	51.5	
2008	汽油	5668	92.2	1.46
	柴油	7808	58.5	

3. 排放因子的选取

与 CO_2 排放因子有关的参数包括燃料热值和潜在排放系数（后者等同于含碳量）。对于汽柴油来说，在国际范围内这些参数的差异不是很大，对清单不确定性的贡献很小。再考虑到中国尚进口一部分成品油，国内目前尚没有正式公布的权威性的排放因子，于是选用 IPCC 推荐热值和潜在排放系数是可以接受的。

另外，设备的氧化率对 CO_2 排放也有很大影响。但相对于固体燃料，液体和气体燃料氧化率不确定性较小，IPCC 推荐 98% 或 99%。为获得中国道路机动车的燃料氧化率数据，目标研究收集了中国重型汽车集团技术发展中心进行的“国产柴油车及柴油机排放摸底普测”的相关资料，进行分析计算。结果表明，柴油机的氧化率水平在 98% ~99% 之间，与 IPCC 推荐值吻合。因此，车用柴油机的氧化率采用 99%。考虑到汽油机的空燃比小于柴油机，空气供给量的不足使得燃烧过程产生大量的不完全燃烧产物 CO 和未燃 THC，完全燃烧产生 CO_2 的比率低于柴油机，因此其氧化率采用 98%。对于农用运输机，由于其多在超负荷情况下运转，取其氧化率为 97%。

道路交通的 CH_4 和 N_2O 排放因子采用 IPCC2006 提供的缺省数据，其中交通工况采用的是欧洲数据（表 2-5）。我国实施的污染排放标准基本等同于欧洲标准，只是在实施时间上有所不同。

不同类型车辆的 CH_4 和 N_2O 排放因子（道路交通）

表 2-5

车辆类型	燃料	污染控制技术	N_2O 排放因子（mg/km）				CH_4 排放因子（mg/km）			
			城市工况		非高速公路	高速公路	城市工况		非高速公路	高速公路
			冷起动	热起动			冷起动	热起动		
小汽车	汽油	黄标车	10	10	6.5	6.5	201	131	86	
		国Ⅰ	38	22	17	8.0	45	26	16	
		国Ⅱ	24	11	4.5	2.5	94	17	13	
		国Ⅲ	12	3	2.0	1.5	83	3	2	
		国Ⅳ	6	2	0.8	0.7	57	2	2	
	柴油	黄标车	0	0	0	0	22	28	12	
		国Ⅰ	0	2	4	4	18	11	9	
		国Ⅱ	3	4	6	6	6	7	3	
		国Ⅲ	15	9	4	4	7	3	0	
		国Ⅳ	15	9	4	4	0	0	0	
	LPG	黄标车	0	0	0	0	80		35	25
		国Ⅰ	38	21	13	8				
		国Ⅱ	23	13	3	2				
		国Ⅲ	9	5	2	1				

续上表

车辆类型	燃料	污染控制技术	N_2O 排放因子(mg/km)				CH_4 排放因子(mg/km)			
			城市工况		非高速公路	高速公路	城市工况		非高速公路	高速公路
			冷起动	热起动			冷起动	热起动		
其他轻型车	汽油	黄标车	10	10	6.5	6.5	201	131	86	41
		国Ⅰ	122	52	52	52	45	26	16	14
		国Ⅱ	62	22	22	22	94	17	13	11
		国Ⅲ	36	5	5	5	83	3	2	4
		国Ⅳ	16	2	2	2	57	2	2	0
	柴油	黄标车	0	0	0	0	22	28	12	8
		国Ⅰ	0	0	4	4	18	11	9	3
		国Ⅱ	3	4	6	6	6	7	3	2
		国Ⅲ	15	9	4	4	7	3	0	0
		国Ⅳ	15	9	4	4	0	0	0	0
重型车	汽油	所有	6		6	6	140		110	70
	柴油		30		30	30	175		80	70
	天然气	国Ⅲ	—				900			
		其他					5400			
摩托车	汽油		2		2	2	150		150	

注:来源《IPCC2006》。

(二)我国城市交通温室气体清单编制经验

近年来,随着国家对节能减排和绿色环保工作的日益重视,关于我国城市交通能源消耗和温室气体排放的研究也越来越多。例如:国家发改委能源研究所朱松丽曾经对北京和上海的城市交通温室气体排放进行了比较,其中所采用的方法论与 IPCC 方法论一致,即利用机动车保有量、平均行驶里程(km/年)、燃油经济性和排放因子四个参数进行计算和比较;研究结果表明,2005 年北京市和上海市的交通能源消耗分别为 385 万 t 标准煤(tce)和 383 万 t 标准煤,分别占全市交通行业能耗总量的 7.0% 和 4.6%;两市城市交通的 CO_2 排放量分别为 764 万 t 和 741 万 t;北京市私人机动交通温室气体排放是公共交通排放的 3 倍,而上海仅为 1.71 倍;北京和上海的城市交通碳排放强度分别约为 63g CO_2/人·km 和 58g CO_2/人·km。毕军编制了南京市道路交通温室气体排放清单,耿勇从协同效益的角度对沈阳市城市交通进行了研究,Kenworthy 等比较了中国和国外城市交通能耗和排放的不同之处。但这些研究都是从单个或几个城市出发,分析、比较我国城市交通排放特点,很少有研究能够覆盖到全国城市交通。其中的原因很简单:我国城市众多,土地利用规划、交通政策、出行特征、交通技术各异,很难在一个研究中对我国城市交通排放全貌进行很好的勾画。

最近,清华大学有研究将全国划分为东、中、西三个部分,对全国城市交通的温室气体排放特征进行了分析。研究通过如下方法和假设界定了全国城市交通的范围:

(1)将农村私人小汽车排除在外。

(2)城市私人小汽车,假设其 10% 的运行里程用于城际交通,其余为城市内交通;城市电动车和摩托车,假设其没有城际交通。

(3)对于公务车、出租汽车、公交车、城铁,假设都在城市。

研究结果显示,2010 年中国城市交通的能源消耗大约为 7680 万 t 标煤,其中 50% 集中于东部地区,其中汽油和柴油的比例分别为 85.7% 和 8.0%,其余为替代燃料;城市交通 CO_2 排放约为 3.35 亿 t(考虑间接排放),其中 50% 在东部地区;人均城市交通 CO_2 排放为 486kg/人,仍比欧美城市低很多,见表 2-6。此类研究,范围广、类型多、难度大,虽然现有的研究仍有很多不确定性,但在方法上提供了很多借鉴意义。

中国城市交通能源消耗和 CO_2 排放 表 2-6

指标 区域	能源消耗 (Mtce)	CO_2 排放 (Mt)	人均 CO_2 排放 (kg CO_2/人)
全国	76.8	335.0	486.1
北京	4.8	21.5	1273.4
天津	1.6	7.2	684.5
河北	4.0	17.5	532.2
山西	2.4	11.6	652.2
内蒙古	1.8	7.9	562.7
辽宁	2.8	12.3	438.4
吉林	1.8	7.9	542.0
黑龙江	2.2	9.2	426.4
上海	2.2	10.1	490.0
江苏	5.8	25.2	517.3
浙江	5.3	22.6	667.4
安徽	2.1	9.1	342.1
福建	2.0	8.7	407.2
江西	1.4	6.1	298.3
山东	6.5	28.1	574.3
河南	4.1	18.1	473.5

续上表

指标 区域	能源消耗 (Mtce)	CO_2排放 (Mt)	人均CO_2排放 (kg CO_2/人)
湖北	2.3	10.0	337.7
湖南	2.2	9.6	324.4
广东	7.4	31.9	459.4
广西	1.7	7.5	386.6
海南	0.4	1.8	399.2
重庆	1.2	4.9	307.1
四川	3.6	15.1	448.0
贵州	0.8	3.5	285.4
云南	1.9	8.1	478.6
西藏	0.1	0.3	421.3
陕西	2.0	9.5	540.2
甘肃	0.8	3.3	349.9
青海	0.2	1.0	387.7
宁夏	0.4	1.6	497.1
新疆	0.9	3.9	413.6

注:Source: Hao et. al, 2014.

四、经验总结及借鉴

(一)国际温室气体排放清单方法进展

1.温室气体计算方法

纵观目前国内外交通部门温室气体排放量计算,所用方法无外乎“自上而下法”与“自下而上法”两种。在计算CO_2排放量时,“自上而下法”被IPCC认为是“最优方法”,在《IPCC1996》与《IPC2000》中的Tier1即为“自上而下法”,就是用燃料消耗量乘以对应的排放因子计算得出温室气体排放量。"自下而上法"在《IPCC1996》、《IPCC2000》中包含 Tier2 与 Tier3 两个层级,其中,Tier2 使用不同类型车辆所消耗燃料的总量乘以对应排放因子,而 Tier3 则需要了解不同类型车辆年行驶里程,以及相应排放因子才可以计算出温室气体排放量。在 IPCC 最新版本清单编制指南《IPCC2006》中,将 Tier2 划归为"自上而下法",计算方法与 Tier1 相同,区别在于 Tier1 使用的是 IPCC 推荐的排放因子,而新 Tier2 使用的是国别/本地的排放因子,计算结果精度更高。

在计算 CH_4、N_2O 排放方面,《IPCC1996》并未针对此两种气体与 CO_2 的区别进行特别的对待,使用方法与计算 CO_2 时一致。《IPCC2000》明确指出此两种气体与 CO_2 排放具有不同的特点,计算方法可根据交通是否是关键排放源选择"自上而下"或"自下而上"方法。《IPCC2006》细化了计算方法,并加入了运行工况和冷起动下的额外排放。"自上而下"与"自下而上"方法优缺点对比见表 2-7。

排放清单核算方法对比 表 2-7

方 法	核 心	优 点	缺 点
"自上而下"	基于能量法	(燃油统计/销售)数据需求较少;简单、容易;考虑国家燃料碳含量;指示宏观趋势(例如:一段时间内的车辆燃油效率);有助于验证"自下而上"方法	不能分离原因(车辆类型和出行目的);地域界线不确定:系统界线(燃油销售)可能与交通界线不一致;重点:无法评估/评价措施和设计综合缓解措施;污染物排放因子的不确定性(排放因子的敏感度)
"自下而上"	基于活动法	能够评价政策、措施和温室气体缓解策略;交通规划元数据可用于多种用途;共同效率信息(例如:温室气体/空气污染、拥堵);允许透明系统边界设计	数据缺乏(需要知晓活动状况、车辆种类和排放因子);需要知晓时间、成本和能力;需要知晓排放因子(单位为 g CO_2/km,而非 g CO_2/g 燃油)

根据方法对比表,从我国实际情况出发,目前城市交通使用"自上而

下”法存在局限性，一是城市交通燃料消耗总量无法获取，在我国现有正式发布的统计资料内，将交通运输、邮政以及仓储列为一项指标，但仅根据燃料消耗总量唯一指标，难以区分各方式单独的消耗量。虽然可以采取到城市交通企业调研等方式获得油耗总量数据，但成本较高、数据可靠程度不高，这也是国家发改委在编制我国省级温室气体排放清单交通运输部门采取“自下而上”方法的主要原因。二是“自上而下”方法只能计算出排放总量，无法区别不同类型车辆对温室气体排放的贡献率，从而难以对下一步节能减排工作开展提供有效支持。随着交通运输部接管城市客运管理职能后在统计体系方面的建设，我国各地已建立起相应的统计机制。其中，不同燃料种类车辆的保有量、年均行驶里程、燃油经济性基本完善，为采用“自下而上”方法提供了数据基础。

由于需要研究到2050年我国城市客运碳排放的峰值、目标、减排路径等，根据研究的特点和需求，结合我国城市交通的管理和统计条件，为了达到更好的预测效果，在使用过程中，需要采用“两种方法相结合”的方法执行。

2. 地理边界与清单边界

确定核算边界是计算温室气体的重要步骤，现有关于我国城市交通能耗和碳排放研究中，多数分析从单个或者几个城市出发，很少能覆盖全国。在IPCC、WRI以及我国发改委发布的排放清单编制指南中，城市交通都是以属地原则进行计算，即机动车排放的温室气体统一计算在注册地城市（省）。排放清单范围界定在城市客运领域：城市公共交通、出租汽车。目前，我国城市公共交通除上海—江苏昆山的轨道交通，北京—河北三河市间有少量公交线路外，其他都是在注册城市内部运营，而出租汽车跨省经营数量极少。所以，温室气体排放清单将沿用属地原则，计算城市客运温室气体排放，即城市公共交通、出租汽车辆温室气体排放的范围全部以在用车辆注册地为准。

（二）编制城市客运年度温室气体排放清单

温室气体排放清单是了解行业温室气体排放现状的重要基础数据，在当前的发展阶段和发展形势下，排放清单已成为行业节能减排和应对气候变化管理的重要方面，是国家应对国际谈判的重要依据，及早编制行业温室气体排放清单意义重大，而且应当定期编制，实现连续的行业基础数据，为行业决策提供重要的数据支撑。

（三）强化城市客运能耗和排放统计工作

排放清单的编制主要包括“自上而下”方法和“自下而上”方法，在国家层面上，因我国目前统计基础相对薄弱，数据需求不同等原因，“自上而下”法更强调宏观方面，比“自下而上”法更有优势。因此，为了提高清单质量，需要强化城市客运能耗和排放统计基础工作，建立城市客运能耗和排放统计监测平台，不断完善监督管理机制。

（四）建立跨部门的联合工作机制

交通行业的复杂性导致了行业排放清单编制的复杂性，相关部门如国家发改委、国家统计局以及中石油、中石化重点企业等也在组织开展行业排放清单的相关工作，并掌握了部分重要的统计数据，如年度的燃油、燃气销售数据等。为了实现资源共享，交通运输部应与国家发改委、国家统计局等部门建立跨部门的联合工作机制，除了用好行业有限的统计数据外，还应该重点考虑能源部门的销售统计数据、国家能源平衡数据等，在编制中取长补短，相互学习，提出国家统一的、质量较高的排放清单数据。

第二节　清单编制指南方法

一、指导思想

以党的十八大及十八届三中全会精神为指导，深入贯彻落实科学发展观，以建设“综合交通、智慧交通、绿色交通、平安交通”为总目标，全面贯彻落实资源节约和环境保护基本国策，推动行业绿色转型，摸清城市客运排放现状与排放结构，提高能源利用效率，降低碳排放强度，加强应对气候变化的能力建设。参照《IPCC 国家温室气体清单编制指南》、《中国国家温室气体排放清单》等，结合城市交通领域的特征，特编制本指南。

二、对象和用户

本指南适用于全国各级（国家级、省级、市级等）交通运输部门所辖区域内城市交通领域的温室气体排放量的核算和报告，主要包括城市公共交通和出租汽车。

三、类型和范围

中国国家温室气体排放清单和 IPCC 报告中提出的温室气体排放主要有以下六种：二氧化碳（CO_2）、甲烷（CH_4）、氧化亚氮（N_2O）、氢氟烃（HFCs）、全氟碳（PFCs）和六氟化硫（SF_6），其中与交通运输排放的仅有三种，即 CO_2、CH_4、N_2O，而且在这三种温室气体排放中，CH_4 和 N_2O 两种气体的排放总和不足 2%，因此，根据抓重点原则，本清单仅考虑 CO_2 排放量(以下简称"碳排放量")。

四、排放源分析

城市交通是指在城市范围内实现人空间位移的手段,主要包括城市公共交通(轨道交通、快速公共汽车交通、常规地面公交等)、出租汽车、城市私人交通(小汽车、摩托车等)、步行。

鉴于目前交通运输部的管理职能及行业统计特点,本指南排放源界定为全国或某一地区境内所有的城市客运车辆,主要包括城市公共交通车辆和出租汽车,不包含城市私人小汽车和其他部分。城市公共交通车辆、出租汽车均根据注册地属地原则,按照行政范围为核算边界,暂不考虑少量的跨界运行车辆排放。城市客运温室气体排放仅考虑移动源的直接性排放,不考虑固定源的排放和间接性的排放。

五、温室气体核算方法

本指南将采用"自上而下"法和"自下而上"法,建议在实际编制时同时开展,以弥补相关的数据不足问题,同时达到相互校核和相互验证的作用,从而提高排放清单数据的质量。

(一)"自上而下"法

根据燃料类型、燃料消耗量、不同燃料类型的排放因子得出该类车型的碳排放量,通过逐项累加计算得到总的碳排放量。

计算公式如下:

$$\text{城市客运温室气体排放总量} = \text{城市客运碳排放总量} = \sum(FC_{i,j,k,l} \times EF_{i,j,k,l}) \qquad (2\text{-}10)$$

式中:FC——燃料消耗量;

EF——排放因子；

i——车辆类型；

j——燃料类型；

k——排放标准；

l——城市所在区域。

(二)“自下而上”法

根据不同燃料类型的车辆保有量、不同燃料类型的平均行驶里程及平均燃料消耗得出该类车型总燃料消耗量(包括:油耗、气耗和电耗等)，结合相应的排放因子等参数，通过逐项累加计算得出碳排放总量。

计算公式如下:

$$\text{城市客运温室气体排放量} = \text{城市客运碳排放总量} = \sum[(VK_{i,j,k,l} \times VKT_{i,j,k,l} \times FE_{i,j,k,l}) \times EF_{i,j,k,l}] \tag{2-11}$$

式中:VK——车辆保有量；

VKT——年均行驶里程；

FE——燃料经济性(每百公里的油耗、气耗和电耗)；

EF——排放因子；

i——车辆类型；

j——燃料类型；

k——排放标准；

l——城市所在区域。

六、排放因子体系

本指南选用IPCC推荐热值和潜在排放系数，详见报告格式模板附表4。

此外，车用柴油机的氧化率采用99%；汽油机氧化率采用98%。

七、活动水平分析

考虑到我国目前能源统计体系中城市客运与邮政、仓储的能源消耗量无法单独分割，所以本指南推荐的数据来源为城市客运主管部门。其中，“自上而下”法中燃料类型、燃料消耗量数据有两种收集方法：一是来源于城市公共交通企业、出租汽车企业燃料消耗量统计。二是来源于省级/市级加油站、加气站、电业局；“自下而上”方法中，车辆保有量数据与“城市客运发展年报”一致。城市公共交通燃油经济性及平均行驶里程数据来源于城市公共交通企业统计，出租汽车平均行驶里程来源于GPS监控系统，没有GPS监控系统的地区应通过数据调研方式获得（调研表同报告格式模板附表3）。

针对双燃料车，可根据实际情况，计算出各类型车辆的燃料消耗比率，再根据此比率，参考以上方法，计算出碳排放量。针对一般模式的油电混合动力车辆，根据车辆的实际燃料消耗量，参考以上方法，计算出碳排放量；针对采用换电模式的油电混合动力车辆，根据车辆的实际燃料消耗量，参考以上方法，计算出碳排放量，电能的直接排放为零。无轨电车、轨道交通车辆的直接排放为零，暂不考虑。

八、质量保证和质量控制

报告主体应建立温室气体排放报告的质量保证和文件存档制度，包括以下内容：

指定专人负责地区行业温室气体排放核算和报告工作，重点企业也应派专人负责企业的核算和报告工作。

建立健全行业温室气体排放台账统计制度。

建立行业和企业温室气体排放数据库。

建立行业温室气体数据和文件保存和归档管理制度。

建立温室气体排放报告内部审核制度。

九、不确定性分析

(一)量化不确定性

本清单量化不确定方法采用国家发改委省级温室气体清单编制指南中所推荐方法：通过估算统计学上的置信区间方式，将数据平均值以±百分比的区间来表示，例如(100±5%)t。计算步骤如下：第一，选择置信度：通常选择的置信度介于95%～99.73%(建议使用95%的置信度，与IPCC指南保持一致)；第二确定t值：t值与测量样本数的对应关系见表2-8。

t值与测量样本数的对应关系　　表2-8

测量样本数	3	5	8	10	50	100	∞
95%置信度下t值	4.30	2.78	2.37	2.26	2.01	1.98	1.96

计算样本平均值以及标准偏差S：

$$\overline{X}=\frac{1}{n}\sum_{k=1}^{n}X_k \tag{2-12}$$

$$s=\sqrt{\frac{1}{n-1}\sum_{k=1}^{n}(X_k-\overline{X})^2} \tag{2-13}$$

计算相关区间：

$$\left[X-\frac{S\cdot t}{\sqrt{n}};\overline{X}+\frac{S\cdot t}{\sqrt{n}}\right] \tag{2-14}$$

以上区间可转换成不确定性范围，并以±百分比来表示。

(二)合并不确定性的方法

本指南采用误差传递公式来量化不确定性。在省级清单编制中主要应用两个误差传递公式,一是加减运算的误差传递公式,二是乘除运算的误差传递公式。因本指南采用方法为分别计算各类运营车辆所消耗能源及 CO_2 排放量,求和得出省级城市客运排放清单,所以采取第一种加减运算的误差传递公式:

$$U_c = \sqrt{\frac{(U_{s1} \cdot \mu_{s1})^2 + (U_{s2} \cdot \mu_{s2})^2 + \cdots + (U_{sn} \cdot \mu_{sn})^2}{|\mu_{s1} + \mu_{s2} + \cdots + \mu_{sn}|}} = \frac{\sqrt{\sum_{n=1}^{N}(U_{sn} \cdot \mu_{sn})^2}}{|\sum_{n=1}^{N}\mu_{sn}|} \quad (2\text{-}15)$$

式中:U_c——n 个估计值之和或差的不确定性(%);

$U_{s1} \cdots U_{sn}$——n 个相加减的估计值的不确定性(%);

$\mu_{s1} \cdots \mu_{sn}$——n 个相加减的估计值。

如,某城市公交车有两种燃料类型车辆,排放量分别为(120 ± 5%)t 和(80 ± 25%)t,根据误差传递公式可计算 CO_2 总排放的不确定性为:

$$U_c = \frac{\sqrt{(120 \times 0.05)^2 + (80 \times 0.25)^2}}{|120 + 80|} = \frac{20.88}{200} = 10.44\%$$

十、清单报告格式

(一)报告主体基本信息

报告主体基本信息应包括报告主体名称(全称)、报告年度、单位负责人、填报负责人和联系人信息。

(二)温室气体排放量

报告主体应报告在核算边界和报告期内能源消耗总量和温室气体

排放总量。

(三)活动水平及其来源

报告主体应根据使用的不同方法报告所需活动水平数据值及其来源,以及双燃料车燃料消耗比、混合动力车节油率等数据。

报告格式模板

中国城市交通温室气体排放报告

报告主体：（盖章）

报告年度：

编制日期：　　年　　月　　日

本报告主体核算了__________年度温室气体排放量，并填写了相关数据表格。现将有关情况报告如下：

一、基本情况

二、温室气体排放

三、活动水平数据及来源说明

本报告真实、可靠，如报告中的信息与实际情况不符，本单位将承担相应的法律责任。

报告单位：（盖章）

年　月　日

附表1　报告主体20____年城市客运年客运总量报告

附表2　报告主体20____年 CO_2 排放量报告

附表3　报告主体活动水平数据

附表4　城市客运温室气体排放因子

附表5　各种能源的碳排放系数

附表6　混合动力车缺省节油率、双燃料车辆燃料消耗比例

报告主体 20 ____ 年城市客运年客运总量报告 附表 1

值 指标名称	城市公共交通	出租汽车
客运总量(人次)		

报告主体 20 ____ 年 CO_2 排放量报告 附表 2

值 指标名称	城市公共交通	出租汽车
CO_2 排放总量(tCO_2)		
CO_2 排放强度(gCO_2/人次)		

报告主体活动水平数据 附表 3

项目	燃料类型	营运车辆数(辆)	平均行驶里程(km/辆年)	燃油经济性(L/100km; m^3/100km; kW·h/100km)	总能耗(L; m^3; kW·h)(自下而上计算值)	总能耗(L; m^3; kW·h)(统计值)	总排放(t)
公共汽电车	汽油						
	柴油						
	CNG						
	LNG						
	LPG						
	双燃料(油气)						
	油电						
	气电						
	无轨电车						

续上表

项目	燃料类型	营运车辆数(辆)	平均行驶里程(km/辆年)	燃油经济性(L/100km; m^3/100km; kW·h/100km)	总能耗(L; m^3; kW·h)(自下而上计算值)	总能耗(L; m^3; kW·h)(统计值)	总排放(t)
出租汽车	汽油						
	柴油						
	CNG						
	LNG						
	LPG						
	双燃料(油气)						
	油电						
	气电						
	电动						
轮渡	柴油						
	天然气						
轨道交通	电能						

城市客运温室气体排放因子(kg/TJ) 附表4

项　目	缺省排放因子	上　限	下　限
汽油	69300	67500	73000
柴油	74100	72600	74800
LPG	63100	61600	65600
煤油	71900	70800	73700
CNG	56100	54300	58300
LNG	56100	54300	58300

(来源：IPCC2006,P3.21)

各种能源的碳排放系数 附表5

能源名称	折算标煤系数（t标准煤/t、万m^3、万kW·h）	折算标油系数（t标油/t、万m^3、万kW·h）	密度（t/m^3）	排放系数（tCO_2/t、万m^3）
汽油	1.4714	1.03	0.73	3.04
柴油	1.4571	1.02	0.83	3.14
天然气	13.3	9.31	—	21.65
甲醇	0.6643	—	0.8	1.375
液化石油气	1.7143	1.2	—	2.95
电力	3.42	0.86	—	—
煤炭	0.714	0.5	—	2
液化天然气	1.7572	—	0.45	2.66

混合动力车缺省节油率、双燃料车辆燃料消耗比例 附表6

车辆类型	指标名称	车辆分类	值
双燃料	燃料消耗比例	天然气	70%
		汽（柴）油	30%
混合动力	节油率	合资品牌	20%
		自主品牌	10%

第三节　2010年城市交通温室气体排放清单

本节以现有统计数据为主，利用上述测算方法，建立了2010年我国城市客运温室气体排放清单，并与现有研究成果进行比较验证。针对建立的城市温室气体排放清单进行了不确定性分析，提出了我国城市客运温室气体排放的主要特征。

一、清单编制过程

在全国范围内，先按全国不同地区（省、区、直辖市）进行分类。在编制清单时，将城市客运车辆进行分类，并根据不同类型车辆的保有量、年行驶里程、燃油经济性等数据计算得出燃料消耗量，乘以相应的排放因子计算得出温室气体排放量。

具体计算步骤如下：

步骤一：城市客运车辆分类。

根据不同方式、类型等指标将城市客运车辆进行分类，公共汽电车按照燃油类型和车辆长度等进行分类，出租汽车车型单一，直接按照车辆燃油类型分类，详见图 2-6。

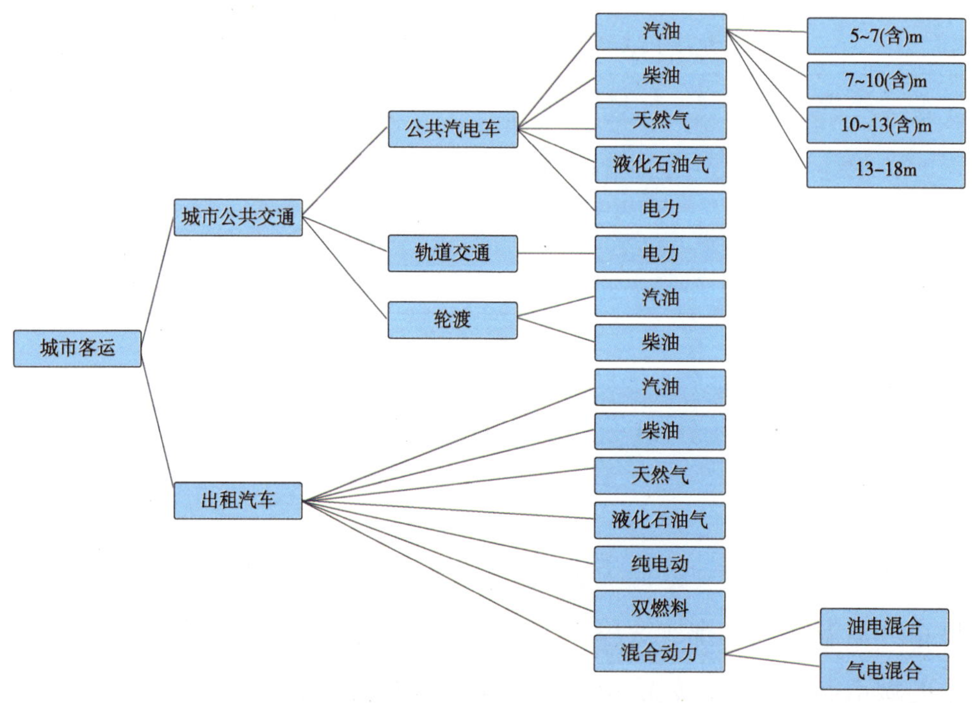

图 2-6　城市客运车辆分类

步骤二：计算不同类型车辆的能源消耗量。

按上述分类，分别计算出不同类别车辆年能源消耗量。

$$城市客运能源消耗量_i = \sum(车辆保有量_i \times 年均行驶里程_i \times 燃料经济性_i)$$

步骤三：计算不同类型车辆温室气体排放量。

$$温室气体排放量_i = \sum(城市客运能源消耗量_i \times 排放因子_i)$$

步骤四：计算城市客运温室气体排放总量。

$$城市客运温室气体排放总量 = \sum(温室气体排放量_i)$$

二、清单内容

根据以上步骤，计算得出2010年中国城市客运排放清单，详见表2-9所示。2010年，全国城市客运能耗总量为2438.12万t标煤，CO_2排放总量为4760.75万t，其中，95%的能耗和排放来自于城市公共汽电车与出租汽车。分方式看，公共汽电车与出租汽车能耗总量与排放总量上差距不大，公共交通是最节能、最低碳的机动化出行方式，无论是能耗强度还是排放强度公交都明显低于出租汽车。从全国能耗强度和单位客运量CO_2排放来看，最低的为轨道交通（在运营阶段，轨道交通为CO_2零排放，故未列入表格），其次是公共汽电车，再次是出租汽车，最高为轮渡。

三、能源消耗与CO_2排放

基于以上方法，按照地区分类，计算出了2010年我国各省（市、自治区、直辖市）城市客运能源消耗和能耗强度（图2-7、图2-8）。2010年，全国各省消耗量差别较大，东部各省消耗量明显高于西部省份，其中，能源消耗量最多的为广东省，达到了252.21万t标准煤。从城市公交车能耗强度看，全国公交车能耗强度最高的省份为广东，最低的为贵州，主要的原因是天然气、新能源车辆应用比例差别较大；天津、北京出租汽车能耗强度远高于其他省份，也是由于清洁能源使用比例低。

2010 年中国城市客运温室气体排放清单

表 2-9

指标 地区	能源消费量（万 t 标煤）					CO_2 排放量（万 t）				能耗强度（t 标煤/万人次）				单位客运量排放 CO_2（tCO_2/万人次）		
	公交车	出租汽车	轨道交通	轮渡	合计	公交车	出租汽车	轮渡	合计	公交车	出租汽车	轨道交通	轮渡	公交车	出租汽车	轮渡
全国	1104.78	1261.57	61.77	10.01	2438.12	2237.97	2501.22	21.56	4760.75	1.65	3.64	1.11	5.27	3.34	7.22	11.37
北京	59.69	63.71	12.35	0.00	135.76	120.01	131.63	0.00	251.64	1.18	9.23	0.67	0.00	2.38	19.08	0.00
天津	19.85	34.45	1.66	0.00	55.96	42.21	71.18	0.00	113.38	1.82	9.96	2.53	0.00	3.88	20.57	0.00
河北	47.08	60.18	0.00	0.00	107.26	94.03	117.71	0.00	211.74	2.40	5.05	0.00	0.00	4.80	9.88	0.00
山西	15.37	38.57	0.00	0.00	53.94	31.93	76.65	0.00	108.58	1.31	3.85	0.00	0.00	2.73	7.65	0.00
内蒙古	17.91	51.44	0.00	0.00	69.36	36.82	100.19	0.00	137.01	1.78	4.53	0.00	0.00	3.67	8.82	0.00
辽宁	46.60	96.73	1.01	0.61	144.95	99.20	199.94	1.31	300.45	1.14	4.62	1.17	37.21	2.42	9.54	80.18
吉林	22.43	71.35	0.32	0.00	94.11	47.43	149.04	0.00	196.46	1.45	3.24	0.88	0.00	3.06	6.77	0.00
黑龙江	45.25	69.41	0.00	0.42	115.08	91.02	144.15	0.91	236.08	2.01	2.54	0.00	5.44	4.04	5.27	11.72
上海	48.47	54.08	28.99	0.37	131.90	102.50	110.82	0.79	214.12	1.73	4.72	1.54	1.47	3.65	9.68	3.16
江苏	76.05	57.39	2.59	1.67	137.70	161.92	118.69	3.59	284.21	1.94	3.84	1.21	8.75	4.13	7.93	18.86
浙江	53.82	41.28	0.00	3.55	98.65	115.44	85.91	7.66	209.01	1.61	2.75	0.00	11.79	3.45	5.73	25.41
安徽	30.00	59.80	0.00	0.13	89.93	61.54	112.31	0.29	174.14	1.49	3.66	0.00	11.21	3.05	6.88	24.16
福建	24.54	18.67	0.00	0.26	43.46	52.38	38.06	0.55	90.99	1.17	2.99	0.00	1.13	2.51	6.09	2.43
江西	21.70	16.03	0.00	0.03	37.76	46.71	33.80	0.06	80.56	1.57	2.90	0.00	4.30	3.38	6.12	9.26
山东	65.96	75.37	0.00	1.41	142.74	136.78	145.19	3.04	285.00	1.70	4.72	0.00	10.82	3.52	9.09	23.31
河南	43.17	56.34	0.00	0.00	99.52	90.94	113.07	0.00	204.01	1.75	3.74	0.00	0.00	3.69	7.51	0.00

续上表

指标 地区	能源消费量（万 t 标煤）					CO_2 排放量（万 t）				能耗强度（t 标煤/万人次）				单位客运量排放 CO_2（tCO_2/万人次）		
	公交车	出租汽车	轨道交通	轮渡	合计	公交车	出租汽车	轮渡	合计	公交车	出租汽车	轨道交通	轮渡	公交车	出租汽车	轮渡
湖北	48.85	38.91	0.55	0.31	88.61	101.76	73.25	0.67	175.68	1.64	3.08	1.66	1.97	3.42	5.79	4.25
湖南	46.02	36.51	0.00	0.07	82.60	98.28	74.72	0.16	173.16	1.62	2.20	0.00	6.27	3.46	4.49	13.52
广东	161.92	75.46	14.27	0.56	252.21	320.68	142.45	1.20	464.33	2.77	4.00	1.06	1.39	5.48	7.55	2.99
广西	18.86	18.18	0.00	0.03	37.07	40.56	37.60	0.06	78.22	1.21	4.23	0.00	2.13	2.60	8.74	4.58
海南	9.51	4.24	0.00	0.03	13.77	18.08	8.03	0.05	26.17	2.51	4.40	0.00	1.85	4.78	8.35	3.99
重庆	23.10	18.76	0.00	0.57	42.43	38.40	32.84	1.23	72.48	1.43	2.50	0.00	6.39	2.37	4.37	13.76
四川	45.01	37.61	0.03	0.00	82.64	75.97	66.70	0.00	142.68	1.35	2.72	0.22	0.00	2.28	4.83	0.00
贵州	12.07	16.23	0.00	0.00	28.30	25.56	33.74	0.00	59.30	1.00	2.05	0.00	0.00	2.13	4.26	0.00
云南	20.18	18.50	0.00	0.00	38.68	42.92	38.28	0.00	81.20	1.24	2.37	0.00	0.00	2.64	4.90	0.00
西藏	0.93	2.86	0.00	0.00	3.79	1.99	4.98	0.00	6.96	1.48	2.24	0.00	0.00	3.16	3.90	0.00
陕西	29.00	31.38	0.00	0.00	60.38	50.83	56.96	0.00	107.80	1.24	2.96	0.00	0.00	2.17	5.37	0.00
甘肃	13.54	27.45	0.00	0.00	40.98	25.23	53.62	0.00	78.84	1.47	3.45	0.00	0.00	2.73	6.74	0.00
青海	7.18	9.31	0.00	0.00	16.48	12.37	17.80	0.00	30.18	1.60	3.77	0.00	0.00	2.75	7.21	0.00
宁夏	5.53	16.39	0.00	0.00	21.92	10.27	30.62	0.00	40.89	1.87	3.24	0.00	0.00	3.47	6.06	0.00
新疆	25.21	44.97	0.00	0.00	70.18	44.22	81.28	0.00	125.50	1.70	3.23	0.00	0.00	2.97	5.83	0.00

对于 CO_2 排放量，计算出了2010年全国各省城市客运 CO_2 排放量和 CO_2 排放强度（图2-9与图2-10）。2010年，全国各省城市客运 CO_2 排放量与能源消耗分布情况类似，东部省份普遍高于西部各省，其中排放最多的为广东省，达到了464.33万t。从单位客运量 CO_2 排放看，全国公交车单位客运量 CO_2 排放量最高的省份为广东，全国出租汽车单位客运量排放最高的为天津、其次是北京，最低的为西藏，原因同上。

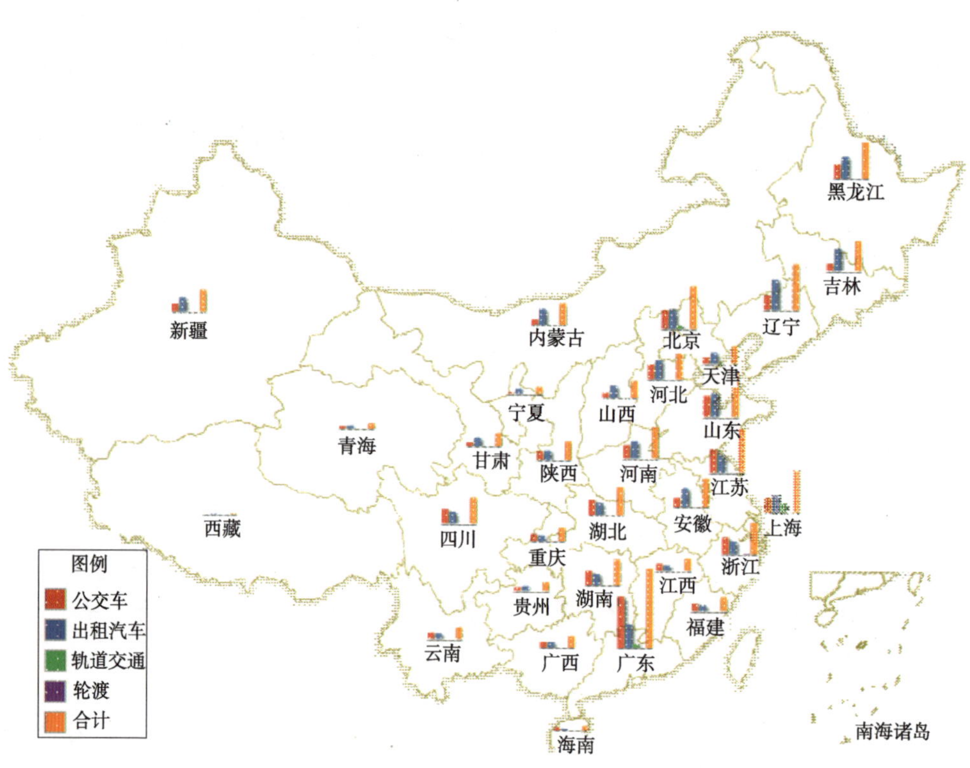

图2-7　2010年中国城市客运能源消耗

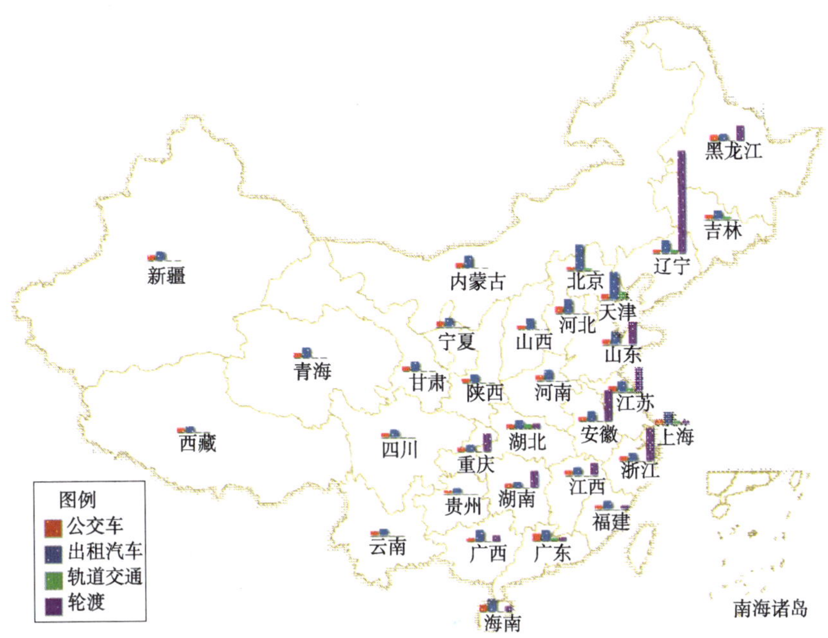

图 2-8　2010 年中国城市客运能耗强度

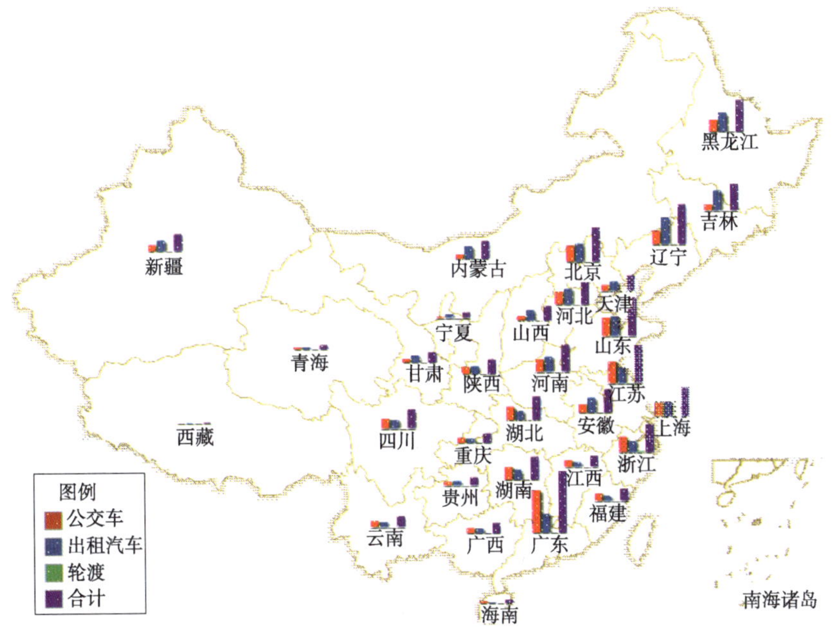

图 2-9　2010 年中国城市客运 CO_2 排放量

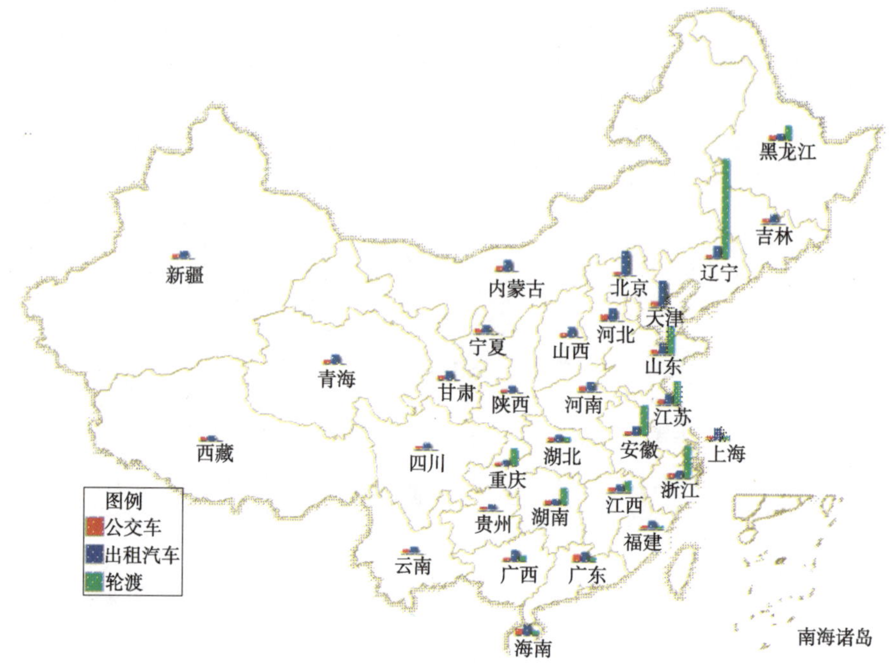

图 2-10　2010 年中国城市客运单位客运量 CO_2 排放

四、不同燃料品种消耗与排放

2010 年,城市客运不同燃料在能耗和排放的贡献率,如图 2-11、图 2-12 所示。汽油、柴油两种燃料所占比率均超过 80%,而天然气、电能的使用比例较低,对排放贡献较小,将来有较大的提升空间。

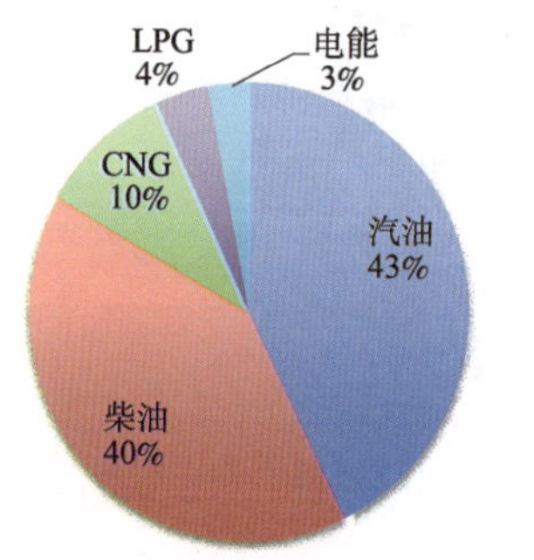

图 2-11　2010 年城市客运能耗贡献率

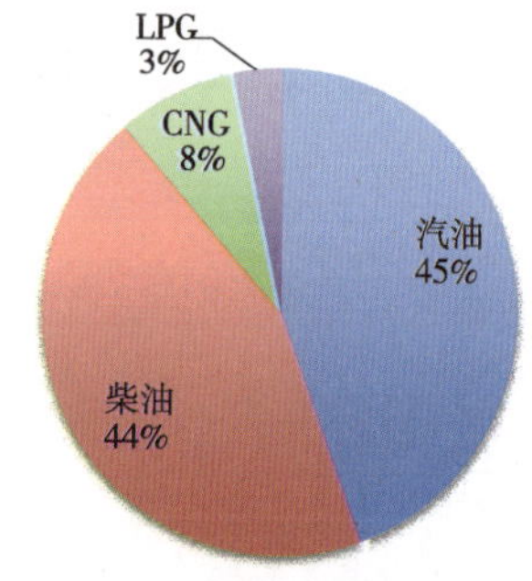

图 2-12　2010 年城市客运温室气体排放贡献率

五、不确定性分析

本清单建立后，与《北京市建设低碳交通运输体系试点实施方案(2012—2014年)》内相关内容进行对比，结果见表2-10。

2010年北京市城市客运 CO_2 排放比较 表2-10

CO_2 排放量(万t)	
排放清单	251.64
试点方案	260.95

可以看出，本清单与北京市试点实施方案中所计算的城市客运 CO_2 放量相差较小。用这两项结果分析北京市2010年城市客运温室气体排放清单置信区间：

$$\bar{x} = \frac{251.64 + 260.95}{2} = 256.295$$

确定样本差 S：

$$S = 6.58$$

因仅有2个样本，故 t 取值参照3个样本值，为4.30，则相关区间为：[256.295 − 20,256.295 + 20]，换算成百分比表示的不确定性范围：256.295 ±7.81%。此处，假设全国其他省份统计数据质量与北京相同，即其他省份不确定性范围为 ±7.81%，则可以计算出2010年城市客运排放清单整体不确定性 $U = 1.66\%$。

六、与其他已有研究成果比较

1. 全国层面

目前，国内针对城市客运的 CO_2 排放清单相关研究很少。但清华大学开展了2010年城市交通能源消耗和碳排放研究。通过与本研究的结果比较，本研究中的能耗为清华大学成果的31.7%，排放为14.2%，主要原因是清华大学的研究包含范围较广，含有私人小汽车为主要部分，但又未能提供出详细的分类数据，导致不能开展数据的详细对比，详见表2-11。

全国层面的结果比较 表2-11

项　　目	本　研　究	清华大学研究
范围	城市客运：公共汽电车、出租汽车、轨道交通、轮渡	城市交通：公共汽电车、出租汽车、轨道交通、轮渡、私人小汽车
边界	直接排放	直接排放和间接排放
年限	2010年	2010年
能源消耗量	2438万t标煤	7680万t标煤
CO_2 排放量	4760.75万t	3.35亿t

2. 城市层面

以北京市为例，对北京市城市客运的能耗和 CO_2 排放数据进行比较，结果表明，计算结果比较接近，但由于数据来源不同，结果有所差异，详见表2-12。

北京城市客运能耗和 CO_2 排放结果比较 表2-12

项　　目	本　研　究	北京市建设低碳交通运输体系试点方案
范围	城市客运：公共汽电车、出租汽车、轨道交通	城市客运：公共汽电车、出租汽车、轨道交通
边界	直接排放	直接排放
年限	2010年	2010年
能源消耗量	128万t标煤	135万t标煤
CO_2 排放量	252万t	260万t

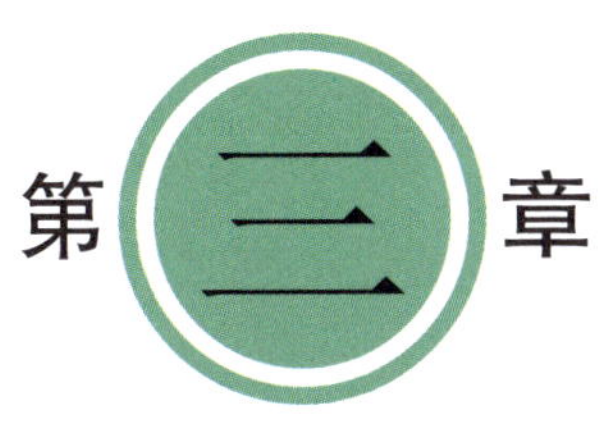

第三章

城市交通的减排目标及减排路线

第一节　城市交通温室气体排放测算模型比较

温室气体排放量化和预测是城市交通节能减排管理和决策的重要方面。自20世纪80年代以来,欧美发达国家开始研究城市交通碳排放评估和预测模型,经过几十年的发展,许多模型已非常成熟,并在政府决策中发挥了重要作用,如LEAP模型、MOVES模型,在此方面积累的丰富经验可以为我国城市交通排放模型的研发提供借鉴。

一、碳排放模型综述

纵观国内外城市交通碳排放评估和预测模型,大致可以分为两大类:一类是基于能源需求预测的模型,通过预测的能源需求量和排放因子得出碳排放量,如Aim/Enduse模型、LEAP模型等,可以适用于国家层面和城市层面;另一类是基于现状水平分析的模型,其原理是分析出各个城市的交通活动水平和基于活动水平的排放因子,这是相对微观的模型,主要适用于在城市层面,国家层面适用较难。

两类模型的代表模型及主要特点如下:

(一)第一类模型:以预测分析为主的模型

1. Aim/Enduse模型

交通能源需求与碳排放预测模型(Aim/Enduse模型),是1994年日本国立环境科学研究所(National Institute for Environment Studies,NIES)建立的一个能源终端消费模型,采取"自下而上"方式进行分析,可以进行该类技术政策评价和温室气体减排政策评价,适合于进行中短期能源与温室气体排放情景分析。与 LEAP 模型相比，该模型具有最小成本优化功能，并同时建立多项约束条件进行约束，以更符合实际。目前，该模型主要在亚太地区的多个国家使用，如图 3-1 所示。国家发改委能源研究所也在使用和推广该模型。中国环境与发展国际合作委员会资助项目“促进城市的能源效率”子课题“中国城市交通的节能政策研究”中曾使用该模型，这是该模型首次在我国城市交通领域的应用。

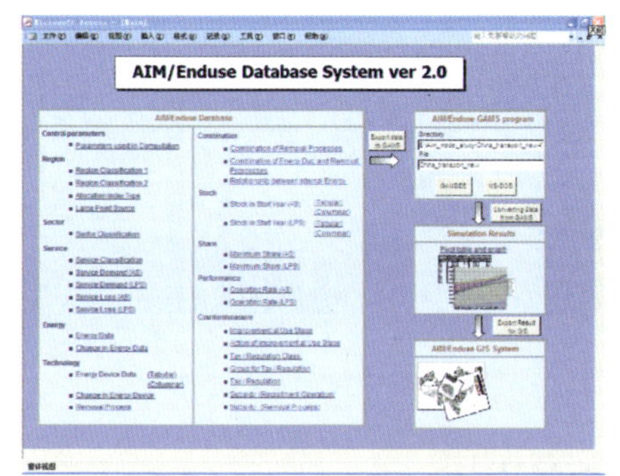

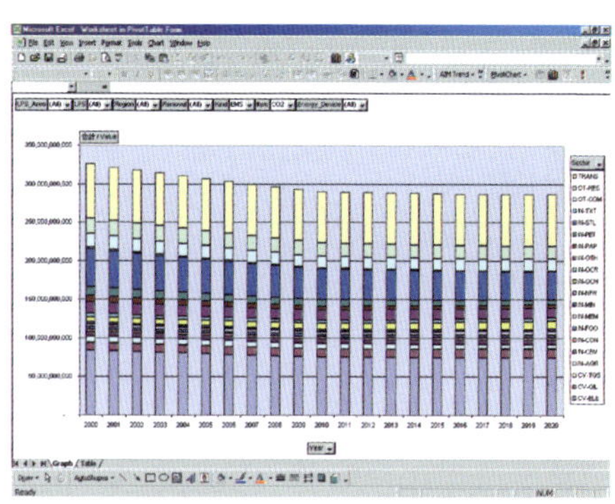

图 3-1　日本 Aim/Enduse 模型预测结果

2. LEAP 模型

LEAP(the Long range Energy Alternatives Planning system)是由瑞典斯德哥尔摩环境研究院与美国波士顿大学(SEI – Boston)共同开发的一个“自下而上”的模型，是一款广泛应用于能源政策分析和缓和气候变化评估的软件，目前已被全世界包括政府机关、学术机构、非政府组织、咨询公司和能源单位在内的 150 多个国家中上千个组织所采用，并成为众多国家实行资源整合计划和温室气体排放评估的标准，如图 3-2 所示。

LEAP 本身是一个中长期综合性的基于情景分析的能源—环境建模工具，且不针对某一特定能源系统，它的使用十分灵活，可以通过建立不同的情景分析框架反映并给出复杂的能源和环境排放预测分析，即基于目前状况，对未来社会、经济、交通、能源和环境的不同假设设定不同情境并量化相关指标。通过模型的建立，可以以年为单位在中长期预测包括煤炭、柴油、汽油、液化石油气、煤油等次级能源和天然气、原油等初级能源的消耗以及 CO_2 等气体排放。北京能源效率中心朱跃中曾用该模型开展了“中国中长期能源发展及碳排放情景分析研究”中的交通运输行业能源与碳排放情景研究分析。

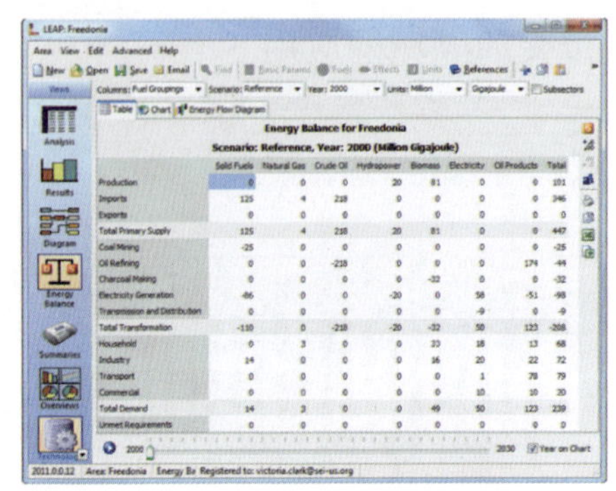

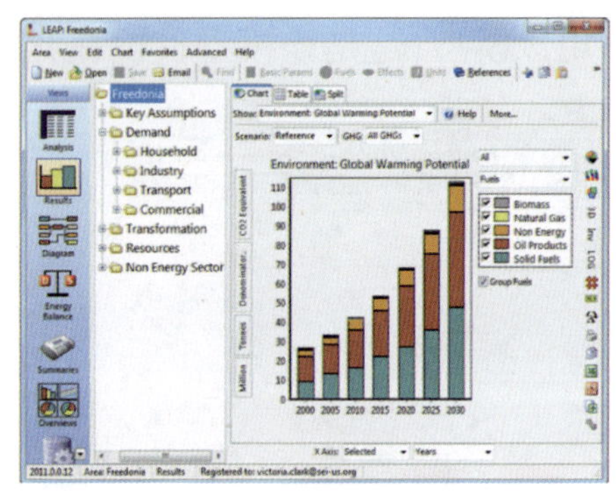

图 3-2 LEAP 模型及预测结果

3. Tremod 模型

Tremod 模型于 1991—1992 年由德国环境保护部建立，并于 1993 年被德国联邦环境保护署启用。其相关数据来源于官方统计，相关因子基于欧洲排放因子数据库（HBEFA）。此模型可在不同的情景下通过对车龄、载运工具排放水平、运行距离、运行环境等因素的综合分析估算出汽柴油消耗量和 CO、CO_2、NO_x、SO_2、颗粒物等多种污染物排放，并适用于全部机动化客运、货运车辆。此模型得到德国官方认可并广泛推广使用，是目前德国城市交通污染排放评估的主要工具之一，如图 3-3 所示。

（二）第二类模型：以现状分析为主的模型

1. HBEFA 模型

HBEFA 模型是德国、奥地利、瑞士等国家联合开发的排放因子数据库。根据燃料消耗、不同车型、不同交通环境、不同燃烧条件等情景下，通过对交通行为和 CO、NO_x、CO_2、SO_2、苯等多种污染物排放因子的计算，估算出污染物总量，并能提供不同国家在不同时期的总值。其相关排放因子数据库中的数据来源于污染物测量和相关模型。此模型也可以较好地估算出未来道路交通排放的演变趋势，但更多是用于道路交通碳排放的现状评估，因此该模型可被用于交通项目影响评估、学术研究和应用性研究，也是德国甚至欧洲交通污染排放因子来源和交通污染测算的主要工具之一，如图 3-4 所示。

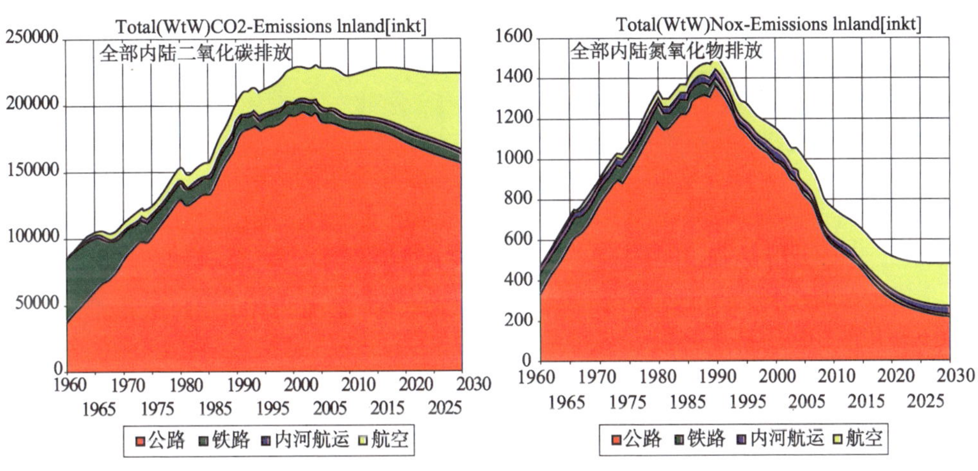

图 3-3　德国 Tremod 模型预测结果

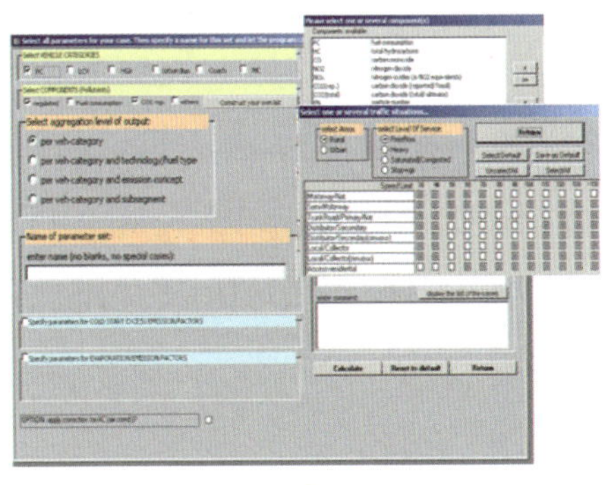

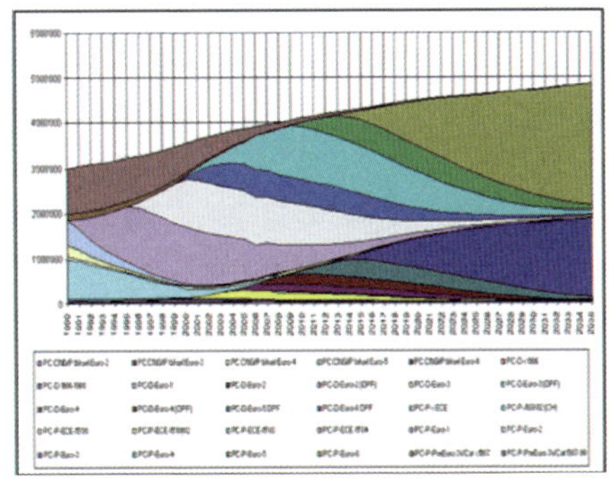

图 3-4　德国 HBEFA 模型界面和预测结果

此外，国际能源署（IEA）还开发了MARKAL模型（Market Allocation的缩写），该模型是于1980年初根据能源技术和系统分析项目ETSAP而开发的，是一个“自下而上”的模型；欧盟建立了EFOM模型，是1982年建立的复杂的能源供应系统线性规划模型；法国建立了MEDEE模型，是20世纪80年代开发的能源技术经济模型，模型中将能源系统划分为工业、交通运输、居民消费、服务业和农业5个部门，是一个“自下而上”的模型；还有CGE模型（一个“自上而下”的模型，基于一般均衡理论，主要适用于宏观经济分析和能源政策规划方面的研究）等，因篇幅所限，这里不再一一赘述。

2. COPERT 模型

COPERT（计算道路交通排放的计算机程序）是由EMISIA和应用热力学实验室开发的排放模型，主要为欧洲（受欧洲环境局委托）设计，也可在世界范围内应用。

该模型始于20世纪80年代后期，第一个版本是COPERT 85，随后是COPERT 90、COPERT Ⅰ－Ⅲ和COPERT 4。

COPERT的用途包括编制国家和地方排放清单，开展空气质量影响评估，并提供交通活动相关的数据和排放因子。该模型是基于“自下而上”法，时间范围是1970～2030年，需要输入的数据包括公路车辆类别和子类别（燃料类型、规格）、车辆技术和大量污染物成分。数据来源于欧盟统计局或FLEET5项目的统计资料以及一些国家原始资料，可供欧洲经济区成员国手动输入或购买活动数据。采用的排放因子与ARTEMIS（交通排放模型和清单系统的评估和可靠性）项目和HBEFA排放因子手册的数据一致。

3. TREMOVE

TREMOVE是由荷兰研究公司“Transport & Mobility Leuven (TML)”

为欧盟委员会开发的政策评估模型。该模型设计用于估算政府决策对交通活动、排放和效益成本的影响，并涵盖当前31个国家和8个海区的陆地和海上运输。

1997年开发第一版TREMOVE 1，随后是2004年的TREMOVE 2和自2010年起提供的版本3.3。

该模型包括多个子模块，排放清单计算是通过车辆保有量、周转量及燃料消耗和废气排放模块来执行。此外，它通过交通需求模块模拟交通活动水平，并估算费用（例如通过税收收入）。由于有生命周期排放模块，该模型还包括油井到油箱的排放。模型结构如图3-5所示。

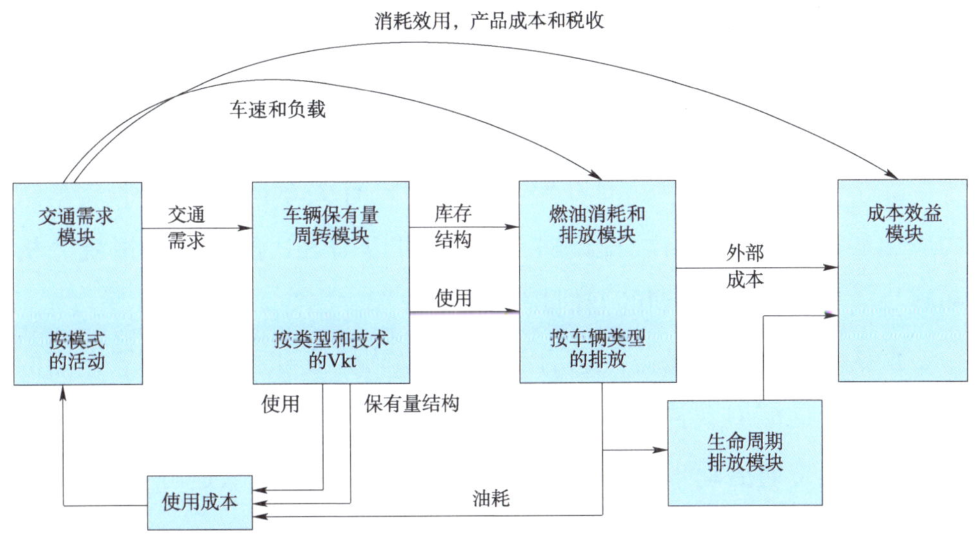

图3-5 TREMOVE模型结构

模型范围涵盖公路、铁路、水路、航空和城市交通领域，包括公路运输车辆（客、货运）、铁路机车、船舶、飞机、公交、地铁/电车、出租汽车、小汽车、摩托车等。公路和城市交通车辆的排放标准和分类来源于COPERT模型，铁路和飞机的数据来源于TRENDS数据库，内河船舶的数据来源于

ARTEMIS 项目。

（三）第三类模型：兼顾两种分析的模型

MOVES（机动车排放模拟模型）是美国环境保护局（EPA）运输和空气质量办公室开发的一个道路交通排放量计算工具。这是 EPA 批准的地方当局用于准备州实施计划（SIP）的工具，也可以用于编制国家和地方层面的温室气体排放清单（EPA 2012B）。目前的版本是 MOVES 2010，替代 MOVES 2009 版本及以前的 MOBILE 模型。该模型免费对外发布，可在 EPA 官方网站上下载和使用。

类似于欧洲模型，该模型的计算方法是基于不同的车辆和燃料类型、技术、道路类型数据以及气象数据等输入数据的"自下而上"法。这些数据用于为每层次和各种组分及排放类别（例如：排气、磨损、蒸发等）计算排放量。

除了创建排放清单，MOVES 还允许输入有关车队活动水平及车队构成和替代燃料的道路减排策略。因此，可以为 SIP 预测战略情景分析和减排效果分析，为规划的及时调整提供依据。

默认数据库提供涵盖交通活动水平、车队构成和排放因子等方面的输入数据。该模型允许将这些国家数据投影到州或县级数据；但是，如果有关当地交通活动水平和车队保有量等更详细的信息是可获得的，用户也可以输入独立的数据。

二、模型比较

（一）第一类模型

发达国家 Aim/Enduse 模型、LEAP 模型、TREMOD 模型等第一类模型的用途、要求和应用等对比情况见表 3-1。

第一类模型比较 表 3-1

模型名称	Aim/Enduse 模型	LEAP 模型	TREMOD 模型
开发者	NIES	SEI	IFEU
用途	总长期能源需求和排放量预测	总长期能源需求和排放量预测	排放清单和情景计算 排放因子和交通活动数据库
运输方式	道路、铁路、水路、飞机	道路、铁路、水路、飞机	道路、铁路、水路、飞机
软件要求	MS ACCESS/EXCEL	MS ACCESS/EXCEL	MS ACCESS
数据可用性	日本国家级	国家级和城市级	德国国家级
典型应用	日本国家清单和情景	瑞典国家能源需求和情景	德国国家清单和情景

(二)第二类模型和第三类模型

发达国家 HBEFA、COPERT、TREMOVE、MOVES 模型等第二类模型和第三类模型的用途、要求和应用等对比情况见表 3-2。

第二类模型和第三类模型比较 表 3-2

模型名称	HBEFA	COPERT	TREMOVE	MOVES
开发者	INFRAS AG	EMISIA	TML, KU Leuven	US EPA 美国环境保护署
用途	排放因子数据库,排放清单和情景分析	排放清单 排放因子和交通活动数据库	排放清单和情景计算	排放清单 排放因子和交通活动数据库
运输方式	道路	道路	道路、铁路、水路	道路
软件要求	MS ACCESS	MS ACCESS	MS ACCESS 和 EXCEL	MySQL 和 JAVA
数据可用性	欧洲个人用途	欧洲国家级	欧洲国家级	美国国家级和地区级
典型应用	微观至宏观清单,用于欧盟排放标准	宏观(国家级),用于欧盟排放标准	宏观(国家级),用于欧盟排放标准	微观至宏观清单及美国排放标准,情景分析

三、结论

从以上对比分析可以看出,各个模型尽管采用的基本原理类似,但是由于分类不同,数据需求各异。同时也说明,建立一个模型需要多年的研究和开发,并长期需要一些专业人员的维护更新和推广使用,因此,我国在建立相关模型时,也需要紧密结合我国城市交通发展实际,从长远考虑,建立适合我国国情的城市交通碳排放模型。

本书主要是研究到2050年我国城市客运碳排放的峰值、目标、减排路径等,因此主要需求是第一类模型,即以"预测分析为主的模型",结合我国城市交通的管理和统计条件,拟采用瑞典的LEAP模型开展能源需求预测、碳排放预测和情景分析,得出最终的预测结果,并与现有的研究成果进行比较。

与此同时,根据我国不同省份、地域的城市客运特点,通过自建模型分析我国城市客运温室气体排放的发展趋势。在模型中,设置基准情景、低碳情景和强化低碳情景三种发展情景,分析并预测不同情景下2011—2050年的城市客运温室气体排放的情况。同时使用LEAP模型,对自建模型结论进行佐证,使得研究数据更为可靠,为城市客运温室气体排放的峰值和减排路径提供可靠依据。

第二节　城市交通能源消耗及排放发展趋势分析

当下,我国正处于社会经济的高速发展时期,伴随着国民经济的高速增长,我国的城市化水平也在迅速提高,人口快速向大城市集中。在经济转型过程中,城市的经济职能不断加强,居民的经济、文化活动更加频繁。城市人口的迅速增长以及城市社会经济活动的增强,往往使城市交通总量以2~3倍于人口增长的速度增长(本书选用3倍于人口增长的城市交通出行比例)。由此导致城镇居民对于城市客运的需求愈加强烈,未来若干年将保持持续增长的趋势。为满足城市居民对于城市客运的迫切需求,城市公共汽电车和出租汽车数量、城市轨道交通运营里程将会呈现快速发展的趋势,而客运轮渡船舶数量、线路及里程等发展平稳,维持在合理水平。

伴随着城市客运载运工具数量的增长和轨道交通等基础设施建设的提升,城市客运所产生的温室气体势必随之快速增加,由此带来的环境压力将会促进新型能源和可替代能源在城市客运中的使用比例不断提升,能源使用效率也会不断提升。传统的以汽油、柴油、LPG为能源的车辆将会逐渐淘汰,取而代之的是以压缩天然气、混合动力、双燃料乃至电能等为主的车辆和船舶。由此将会导致城市客运载运工具的能源结构产生较大变化。与此同时,随着组织运营水平、车辆维护水平、信息化水平和生态驾驶水平等技术的提升,车辆百公里能耗也将呈现逐年下降的趋势,并同时提升公共交通的服务水平和服务质量,吸引来自私人小汽车等其他高碳交通方式的客流,提升城市公共交通在城市全方式出行中的分担率。

一、情景设定

分析我国城市客运发展与能源消耗现状、温室气体排放现状,结合中国城市经济、交通等的中长期发展规划,利用自建模型,设定三种不同的发展情景,即基准情景、低碳情景和强化低碳情景,并通过欧洲的LEAP模型进行结果验证。

三种具体情景设定如下:

(一)基准情景

按照近年的城市客运车辆、船舶和基础设施建设的发展趋势,采取有限降低城市客运温室气体排放的措施,继续保持基准年即2010年的城市客运行业的车辆能源比例结构,城市客运节能技术水平缓慢上升,替代能源应用规模缓慢增加,城市公共交通出行分担率缓慢上升,能达到一定的节能减碳效果。

此种情景是基于政府、企业、社会等利益相关方对于城市客运行业采取相对有限的措施降低能耗、排放的假设,保持行业的现有水平,现行的政策继续正常实施,针对技术提升、替代能源的使用、其他新技术的推广应用和相应鼓励政策、资金投放力度等指标增长缓慢。其行业发展能满足城市居民基本出行,但能达到的节能减碳效果十分有限。

(二)低碳情景

考虑我国节能减排的发展需求,结合交通运输行业的现实情况,通过采取相关措施,达到城市客运行业可持续发展的目的,圆满完成国家和行业的节能减排任务和目标。即综合考虑各项节能减排措施,通过政策与技术途径,出台明显的资金支持政策,开展节能减排与低碳发展的重点示范工程,适度发展替代能源车辆,通过采用信息化技术、推广生态驾驶技术等手段降低车辆百公里能耗,通过合理排班、采取高效的调度手段减少车辆空驶里程等措施,实现行业的绿色循环低碳发展,节能减碳效益明显。

此种情景是基于政府、企业、社会等利益相关方对于城市客运行业采取有效措施降低能耗、排放的假设,即通过技术提升、替代能源的使用和相应政策等的支持和鼓励,并给予较大力度资金的投放,重点试点示范工程顺利开展。此种情景下的行业发展,在完全满足居民出行需求的前提下，节能减碳效益明显，温室气体排放得到有效控制。

（三）强化低碳情景

优先考虑城市客运对环境的影响，在保证城市客运基本条件的前提下，更加提升行业在低碳经济发展中的贡献度。在低碳情景的各项措施下，进一步加大实施力度，在全国层面和地方层面都有专项资金支持，重大试点示范工程取得突出的效果，并取得了较好的全面推广效果，进一步强化行业向低碳发展模式转变。可替代能源车辆比例达到更高的水平，车辆百公里能耗较低碳情景进一步的下降，车辆平均行驶里程进一步下降，节能减碳效益十分显著。

此种情景基于政府、企业、社会等利益相关方对于城市客运行业温室气体排放高度重视，并采取比较强硬的措施降低能耗和碳排放，即加大技术提升的力度、加大替代能源的使用和相应政策资金等的支持和鼓励，开展重点试点示范工程并取得突出效果，在全国范围内开展了全面的推广交流。此种情景下的行业发展为在完全满足居民出行需求的前提下，进一步强调强化减少温室气体排放的力度，是我国高度重视减少行业温室气体排放，并投入大量资金、社会资源的前提下而产生的情景。

二、参数设定

（一）社会经济参数

1. GDP 增长

GDP 可以反映一定时期内一个国家或地区的经济中所生产出的全部最终产品和劳务的价值，因此被认为是衡量国家经济状况的最佳指标。对于城市公共交通等严重依赖政府公共基础设施投资的领域而言，

GDP 的增长趋势会对其产生十分重要的影响，不但能够通过加大财政投入而提高相应的基础设施和车辆、船舶数量，还将通过技术革新和相应政策引导提升公共交通的服务水平，从而吸引乘客出行，提高公共交通在城市机动化出行中的分担比例。

针对我国 GDP 的增长，应综合考虑我国中长期经济发展目标与我国及国际上客观的经济情况，结合国外其他国家的发展历程，得出一个相对平稳的经济预测。按照中长期的发展目标实施国家经济发展的“三步走”战略，即在 2050 年中国经济发展达到目前发达国家的水平。在这种发展模式下，由于国内外市场环境的变化，中国产业结构面临调整、重组，加之中国加入 WTO 后，中国产业更加国际化。未来十几年内，中国将继续成为国际制造业中心，出口为拉动经济增长的重要因素。从众多经济学家对我国长期经济预测来看，我国改革开放 30 年来经济的高速发展难以长期为继，2030 年之后，GDP 的主要支持因素则变为内需增长为主，国际常规制造业的竞争力由于劳动力成本快速上升而下降，导致 GDP 增幅略有下降。从发达国家经济发展历程来看，一个国家在经济高速发展过后必定会逐渐回落并趋于稳定。因此，预测我国会通过采取一系列行之有效的措施，经济结构不断改善，产业结构逐步升级，节能减排重视程度不断提升，先进产业的国际竞争力日渐增强，使全国经济仍能在不断调整中以较为正常的速度发展。估计 2013—2050 年，中国经济保持年均 6% 的增长速度，其中 2014—2015 年、2016—2020 年、2021—2025 年、2026—2030 年、2031—2035 年、2036—2040 年、2041—2045 年、2046—2050 年 GDP 的增长速度分别会在 8%、7.7%、7.2%、6.6%、5.9%、5.1%、4.2% 和3.2%。各时期经济增长情况见图 3-6。

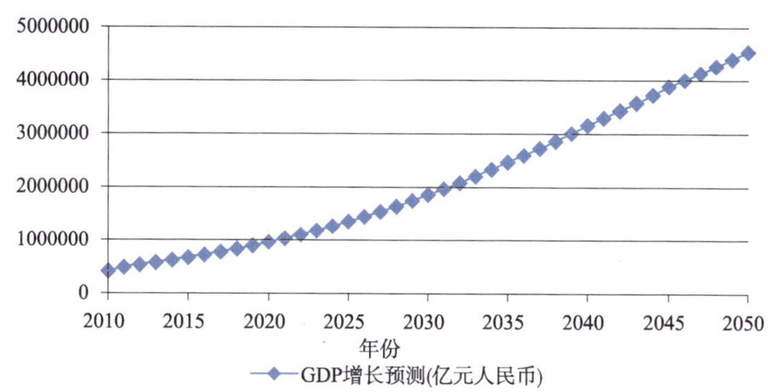

图 3-6 中国 GDP 增长趋势预测

2. 人口

对于中国人口发展的预测，计划生育委员会、中国人口信息研究中心、中国人民大学人口研究所等相关单位均曾做过相关预测，但因时间较为久远，相关预测与中国实际人口发展已经出现偏差，而且我国人口政策在近些年出现了一定变化，因此以上预测结果仅作参考，主要采用联合国在2012年的预测数值。农村人口生育状况不断改善，计划外生育有所减少，中国人口基本按照目前的结构向前发展，政府继续对中国人口增长进行控制，但是因为政策放松，继“双独二胎”政策后，2013年又实行了“单独二胎”政策，因此未来40年，人口处于适度增长的阶段，并最终可将人口总数控制在2030年的14.33亿人，而后总数出现缓慢下降。因此，情景分析中，将采取适度放松计划生育管制的措施，将生育率维持在适当的范围，不仅达到完成控制人口总量的目的，同时可以避免过早出现较为严重的人口老龄化问题，这不仅是我国人口增长的最佳方式，结合当今国家政策，也是最可能出现的政策。人口增长趋势见图3-7。

3. 城镇化率及城镇人口

影响城市公共交通发展水平的一个重要因素是城市规模，城市规模直接影响公共汽电车和出租汽车的投放数量、城市轨道交通的规划和发展规模等。城镇常住人口就是反映城市规模的一个重要指标。因此,对于城镇常住人口的预测十分必要。

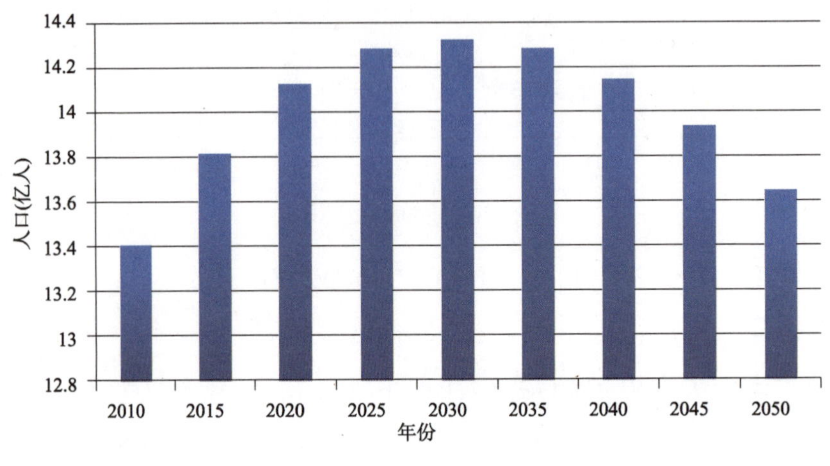

图 3-7 中国人口预测

影响城市人口的一个因素是城镇化率,随着中国经济水平和基础设施建设的提高,城镇化率也将会有明显提升,并在 2050 年左右达到基本稳定。在情景分析中,按照普遍被学界认可的中国城镇化发展趋势,设定 2015 年、2020 年、2025 年、2030 年、2035 年、2040 年、2045 年和 2050 年的城镇化率分别为 55.60%、61.00%、65.40%、68.70%、71.30%、73.40%、75.40%和 77.30%。

在情景分析中,城镇人口的计算方法采用以下公式:

城镇人口 = 全国预测人口 × 城镇化率

各年城市人口总数,如图 3-8 所示。伴随着适度放宽的计划生育政策,我国总人数基本保持稳定,并于 2030 年左右达到峰值,约 14.33 亿人。同时,随着高速增长的城镇化率,城镇常住人口数量迅速增长,农村人口进一步减少。截至 2030 年,我国城镇常住人口将会达到 9.84 亿人,2050 年这一数字将会进一步增加至 10.55 亿人,详见表 3-3。

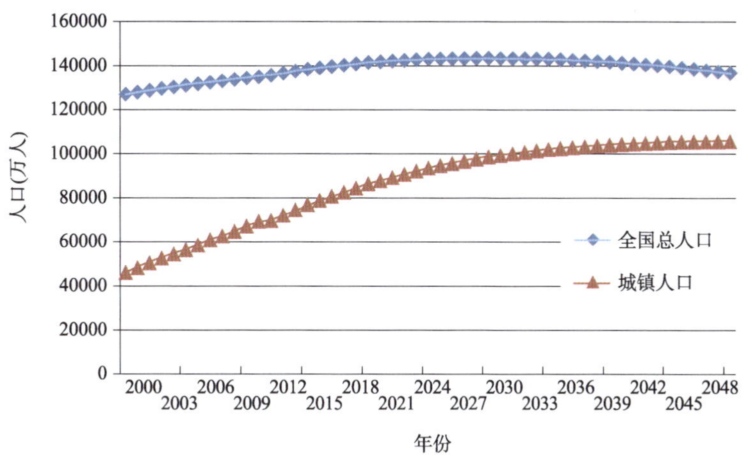

图 3-8 中国城镇人口与全国总人口预测比较

中国人口和城市化率 表 3-3

年 份	全国人口(亿人)	城市常住人口(亿人)	城市化率(%)
2010	13.41	6.70	49.70
2015	13.82	7.68	55.60
2020	14.13	8.62	61.00
2025	14.29	9.35	65.40
2030	14.33	9.84	68.70
2035	14.29	10.19	71.30
2040	14.15	10.39	73.40
2045	13.94	10.51	75.40
2050	13.65	10.55	77.30

(二)交通参数

为了能更好地分析未来交通格局,将全国300余个地级以上城市和地区按照人口将城市规模划分为不同的类别,不同类型城市将有不同的公共交通发展目标和资金投入。结合《中国中小城市发展报告(2010)》中的指标,将城市按照人口为1000万人以上、300万~1000万人、100万~

300 万人以及 100 万人以下分为超大城市、大型城市、中型城市和小型城市四档。按照《城市道路交通规划设计规范》对于城市公共汽电车，300 万人口以上城市每 800 ~ 1000 人一标台；100 万 ~ 300 万人口及 100 万人口以下中小型城市每 1200 ~ 1500 人一标台。城市出租汽车，大城市每千人不少于 2 标台，中小城市每千人不少于 0.5 标台。

1. 车辆/船舶分布及保有量

1）公共汽电车保有量

城市公共交通车辆标台数量与经济发展水平、城镇常住人口有相关性，因此拟采用 SPSS（Statistical Product and Service Solutions）对公共汽电车辆数量按基于城市常住人口和 GDP 的多因素线性回归进行预测，城市人口及 GDP 具体数据见表 3-4。其中，城市人口和 GDP 的相关性通过了置信区间为 90% 的检验，并且，其拟合的决定系数（R – Square）和修正的决定系数（Adjusted R – Square）分别为 0.988 和 0.986，拟合度非常高，见表 3-4 ~ 表 3-6。因此城市人口和 GDP 两个因素对于城市公共汽电车标台数的拟合程度非常高，认为其增长速率的预测基本可信。与此同时，公交车保有量也受到城市人口的限制，根据《城市道路交通规划设计规范》，城市公共汽电车的规划保有量，大城市应每 800 ~ 1000 人 1 标台，中小城市应每 1200 ~ 1500 人 1 标台。综合考虑上述因素预测出全国城市公交车发展数量，详见表 3-7 和表 3-8。

基于城市人口与 GDP 回归的城市公交车数量修正系数 表 3-4

Model 最终模型	R	R Square 拟合优度	Adjusted R Square 修正后的决定系数	Std. Error the Estimate 估计的标准误差
1	0.944[a]	0.988	0.986	13228.53848

a. Predictors 预测：（Constant 常量），GDP，城市人口。

基于城市人口与 GDP 回归的城市公交车数量显著性检验　表 3-5

Model	Sum of Squares 平方和	df. 自由度	Mean Square 均方	F F 值	Sig. 显著性
1 Regression	1E +011	2	7.268E +010	415.310	0.000[a]
Residual	2E +099	10	1749942302		
Total	1E +011	12			

a. Predictors 预测:(Constant 常量),GDP,城市人口。

基于城市人口与 GDP 回归的城市公交车数量回归系数　表 3-6

Model	Unstandardized Coefficients 非标准化系数		Standardized Coefficients 标准化系数	t	Sig. 显著性
	B	Std. Error			
1 (constant)	-173779	95677.383		-1.816	0.099
城市人口	7.331	2.156	0.510	3.400	0.007
GDP	0.004	0.001	0.491	3.278	0.008

中国历年 GDP 与城市人口　表 3-7

年份	城市人口（万人）	GDP（百万元）	公共汽电车（标台）	年份	城市人口（万人）	GDP（百万元）	公共汽电车（标台）
2000	45906.31	9921455	205523	2007	60633.00	26581038	370385
2001	48064.33	10965517	214030	2008	62403.00	31404543	402222
2002	50212.28	13582270	234039	2009	64512.00	34090281	443900
2003	52375.70	12033269	253589	2010	66978.00	39798315	458222
2004	54282.99	15987834	282295	2011	69078.63	47156370	499894
2005	56212.00	18493737	303464	2012	69462.25	51930200	528236
2006	58288.00	21631443	330348				

城市公共汽电车数量预测值 表 3-8

年份	预测值（万辆）	年份	预测值（万辆）	年份	预测值（万辆）	年份	预测值（万辆）
2013	50.74	2023	81.17	2033	104.56	2043	110.58
2014	53.89	2024	84.51	2034	105.70	2044	110.75
2015	57.05	2025	87.71	2035	106.90	2045	110.75
2016	59.64	2026	90.57	2036	107.83	2046	110.75
2017	62.39	2027	93.25	2037	108.63	2047	110.75
2018	65.55	2028	96.07	2038	109.14	2048	110.75
2019	68.64	2029	98.40	2039	109.56	2049	110.75
2020	71.83	2030	100.45	2040	110.01	2050	110.75
2021	74.83	2031	102.03	2041	110.26		
2022	78.00	2032	103.26	2042	110.42		

为了有针对性地分析不同类型城市的人口规模、城市结构、出行特征等因素对客运量、公共汽电车数量等的影响，本书将各省份历年公共汽电车车辆数量按照相应人口比例划分到各个城市，并根据城市人口规模所对应的相应公共汽电车标台数辆进行了合理的调整。表 3-9、表 3-10 为 2030 年及 2050 年四种不同规模的城市所对应的公共交通车辆数量。

2030 年各类规模城市公共汽电车数量 表 3-9

城市分类	超大型城市	大型城市	中型城市	小型城市
车辆数（万辆）	17.91	46.74	32.20	3.61

2050 年四类规模城市公共汽电车标台数量 表 3-10

城市分类	超大型城市	大型城市	中型城市	小型城市
车辆数（万辆）	24.00	49.89	33.52	3.35 万辆

2）出租汽车保有量

现实操作中城市出租汽车数量由地方职能部门直接投放和回收，随

GDP 和市场变化因素影响较小，例如北京多年来保持出租汽车 66636 辆的总数，因此研究采用趋势分析法并结合《城市道路交通规划设计规范》中对于各类型城市出租汽车保有量的要求进行预测，即根据过去我国的出租汽车发展趋势采取一些简单的模型推出未来我国的出租汽车拥有量，同时参考城市规模，保证大城市每千人不少于 2 辆，小城市每千人不少于 0.5 辆的要求。推测结果表明，到 2030 年我国的出租汽车拥有量在 143 万辆左右，2050 年在 162.96 万辆左右，见图 3-9、表 3-11。

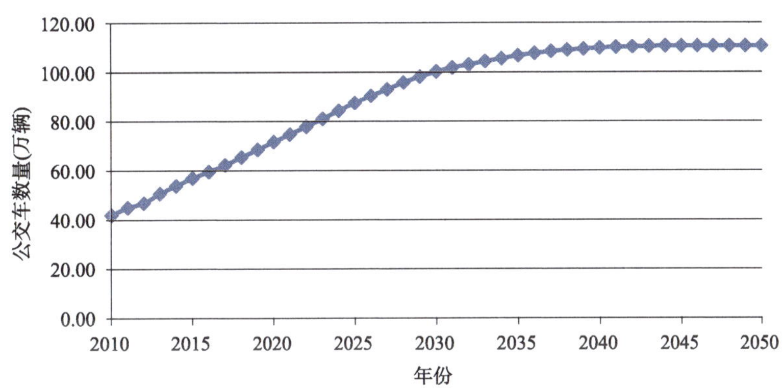

图 3-9 中国城市公交车发展趋势预测

出租汽车数量预测值 表 3-11

年份	预测值（万辆）	年份	预测值（万辆）	年份	预测值（万辆）	年份	预测值（万辆）
2013	126.84	2023	137.04	2033	146.62	2043	157.03
2014	127.73	2024	137.95	2034	147.52	2044	157.88
2015	128.90	2025	138.86	2035	148.72	2045	158.72
2016	129.79	2026	140.01	2036	149.62	2046	159.57
2017	131.28	2027	140.92	2037	151.64	2047	160.42
2018	132.19	2028	141.82	2038	152.54	2048	161.26
2019	133.10	2029	142.78	2039	153.43	2049	162.11
2020	134.01	2030	143.92	2040	154.33	2050	162.96
2021	134.92	2031	144.82	2041	155.23		
2022	136.14	2032	145.72	2042	156.08		

为了有针对性地分析不同类型城市的人口规模、城市结构、出行特征等因素对出租汽车数量的影响，因此将出租汽车增长的数量按照各城市现存的出租汽车数量比例分配到每个城市，并根据城市人口规模所对应的出租汽车数量进行了合理的调整，如图 3-10 所示。表 3-12、表 3-13 为 2030 年和 2050 年四种不同规模的城市所对应的出租汽车保有量。

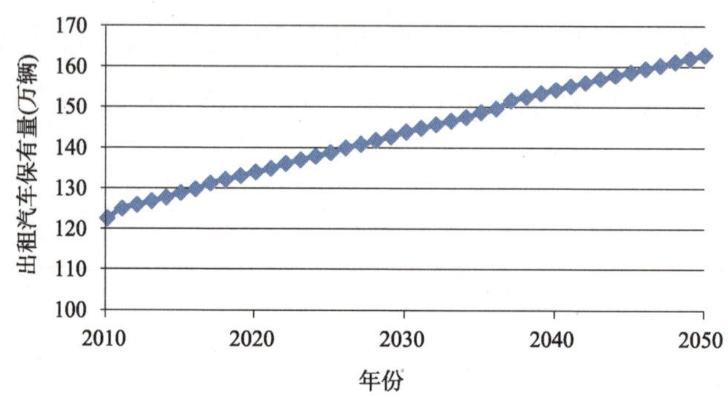

图 3-10　出租汽车发展趋势预测

2030 年四类规模城市出租汽车保有量　　表 3-12

城市分类	超大型城市	大型城市	中型城市	小型城市
车辆数(万辆)	25.66	66.96	46.14	5.17

2050 年四类规模城市出租汽车保有量　　表 3-13

城市分类	超大型城市	大型城市	中型城市	小型城市
车辆数(万辆)	35.31	73.40	49.32	4.92

3)城市客运船舶、运营线路数量和线路运营里程

随着城市道路交通的发展，跨江桥梁和隧道等基础设施建设逐渐完善，轮渡在城市公共交通中所占比例正逐年下降，《交通运输行业发展统计公报》显示城市客运轮渡的保有量、线路数量和线路运营里程均呈现下降趋势，见表 3-14。考虑到客运轮渡是城市公共交通的重要组成部分，因此城市客运船舶、线路数量和线路里程将按照趋势分析法保持较低的发展水平，见表 3-15。

2010—2013 年城市客运船舶、线路数量和线路里程发展水平 表 3-14

年份	2010	2011	2012	2013
线路数量(条)	533	417	222	143
运营线路里程(km)	4193	4434	846	575
船舶数量(艘)	1192	1061	509	442

2013—2050 城市客运船舶、线路数量和线路里程发展水平 表 3-15

年份	船舶数量(艘)	运营线路数量(条)	运营线路里程(km)	年份	船舶数量(艘)	运营线路数量(条)	运营线路里程(km)
2013	442	143	575	2032	47	32	121
2014	495	135	390	2033	44	31	117
2015	374	113	339	2034	42	30	113
2016	295	98	301	2035	39	29	110
2017	240	86	272	2036	37	28	107
2018	200	77	248	2037	35	27	104
2019	170	70	229	2038	33	26	101
2020	147	64	213	2039	31	25	98
2021	129	59	199	2040	30	24	96
2022	114	55	187	2041	28	23	94
2023	101	51	177	2042	27	23	91
2024	91	48	168	2043	26	22	89
2025	83	45	160	2044	25	22	87
2026	75	43	152	2045	24	21	86
2027	69	40	146	2046	23	20	84
2028	63	38	140	2047	22	20	82
2029	59	37	134	2048	21	19	80
2030	54	35	129	2049	20	19	79
2031	51	33	125	2050	19	19	77

2. 轨道交通建设里程

轨道交通建设里程预测主要采取了趋势预测的方法，近些年来我国城市轨道交通建设呈现增长趋势，国家发展与改革委员会已经新批准了37 个城市的轨道交通建设，见表 3-16。

已获批的中期轨道交通建设计划　　表 3-16

城市	既有线数量（条）	既有线长度（km）	总数量（条）	总里程（km）	至 2013 年规划完成比例（%）	规划完成日期
北京	16	441	29	965	48.19	2020 年前
上海	12	445	22	884	60.63	
南京	2	97.5	9	357.6	27.2	
重庆	4	130	8	337	54.6	
香港	10	214	13	224	87.7	
杭州	1	48	3	121.5	39.51	
苏州	1	26	6	197	13.2	2019 年前
广州	7	193	14	534	50.66	2018 年前
佛山	1	20	3	122	16.39	
深圳	5	178.5	10	363	49.17	2017 年前
沈阳	2	50	6	281.5	40.32	
武汉	2	57	9	27	28.83	
天津	5	139	7	237	58.65	
西安	1	20.5	6	223.5	23.49	
成都	2	41	6	201	24.88	
大连	2	63.5	4	216.5	49.19	2015 年前
长春	2	48	4	87	55.17	
昆明	1	18	3	79	75.95	
郑州	0	0	5	161.5	16.1	2020 年前
南昌	0	0	3	101	0	
兰州	0	0	3	88	0	
厦门	0	0	3	79	0	
长沙	0	0	3	116	18.97	2018 年前
合肥	0	0	2	58	0	2017 年前
哈尔滨	0	0	4	94.5	24.34	2015 年前
宁波	0	0	2	71.5	0	
南宁	0	0	2	52.5	51.43	
东莞	0	0	1	38	0	
澳门	0	0	1	21	0	

续上表

城市	既有线数量（条）	既有线长度（km）	总数量（条）	总里程（km）	至2013年规划完成比例（%）	规划完成日期
福州	0	0	2	85	0	2014年前
无锡	0	0	2	55	0	
石家庄	0	0	3	59.5	0	2020年前
贵阳	0	0	2	59	0	
乌鲁木齐	0	0	2	48	0	2019年前
徐州	0	0	3	67	0	2018年前
太原	0	0	2	49	0	
常州	0	0	2	54	0	
总计	76	2230	209	7082		

三种情景中，假设2010—2020年轨道交通运营里程建设长度依照发改委已批准的城市轨道交通建设的规划及进度执行，2020—2050年三种情景将在此基础上遵循趋势分析方法设定的运营里程建设，见图3-11。

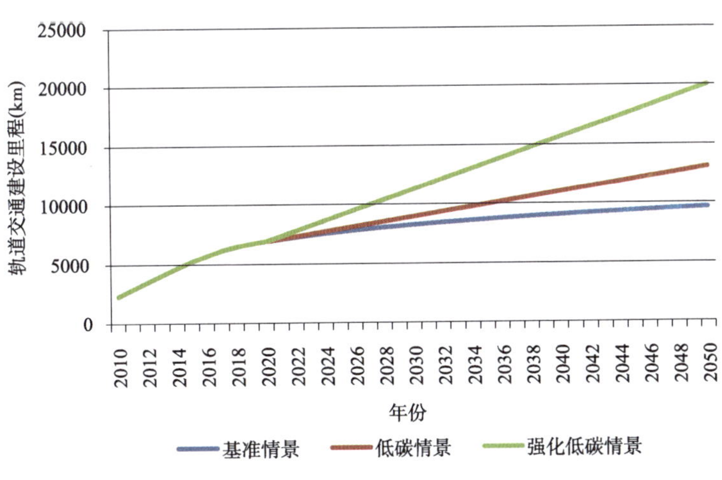

图3-11 不同情景下中国城市轨道交通建设里程

3. 车辆能源结构

1) 公共汽电车能源结构

改变能源消费结构是减少温室气体排放的有效措施之一，依据现有技术，公共汽电车的能源结构类型可主要划分为汽油、柴油、LPG、CNG和纯电动车辆，其中汽油、柴油、LPG为传统化石燃料，燃烧后温室气体排放较大，CNG为替代能源，电力为新能源。在低碳和强化低碳情景中以传统化石燃料为能源的车辆比例将会受到限制，而CNG和纯电动车辆的数量和比重将会因政策鼓励有较为明显的提升。详见表3-17。

2) 出租汽车能源结构

城市出租汽车现有的能源类型主要为汽油、柴油、LPG、CNG、双燃料、纯电动和混合动力等。其中汽油、柴油和LPG定义为传统的化石燃料，燃烧后温室气体排放较大，CNG、双燃料、纯电动和混合动力因为其有较高的燃料利用效率或较为清洁的排放，故在低碳和强化低碳情景中得到推广，传统化石燃料车辆受到抑制，在能源结构中的比例将会下降。详见表3-18。

4. 客运量

对于城市公共汽电车、城市出租汽车和轨道交通的客运量预测，主要采用人均出行次数结合城市客运在全方式出行中的分担率进行预测，城市居民全方式出行次数主要基于城市人口，设定人均日出行次数为3次，每年为360天，由此得出城市居民年全方式出行次数。

1) 城市公共汽电车客运量

城市公共汽电车客运量预测首先结合城市人口增长趋势，按照平均每人每天出行3次预测出2010—2050年城市全方式出行的次数，按照2010年城市客运统计，公共汽电车客运量为670.10亿人次，当年全方式

不同情景下城市公共汽电车能源结构 表3-17

情景	能源消费结构	2010年		2020年		2030年		2040年		2050年	
		数量（万辆）	比例（%）	数量（万辆）	比例（%）	数量（万辆）	比例（%）	数量（万辆）	比例（%）	数量（万辆）	比例（%）
基准情景	汽油	3.90	9.3	6.79	9.4	9.65	9.6	11.03	10.0	11.19	10.1
	柴油	30.79	73.2	52.54	73.1	73.16	72.8	80.67	73.3	81.26	73.3
	CNG	6.36	15.1	10.74	14.9	15.02	14.9	15.68	14.2	15.68	14.1
	LPG	0.98	2.3	1.749	2.4	2.61	2.6	2.61	2.3	2.61	2.3
	电动	0.00	0.0	0.00	0.0	0.00	0.0	0.00	0.0	0.00	0.0
低碳情景	汽油	3.90	9.3	6.45	9.0	8.69	8.6	9.38	8.5	8.95	8.1
	柴油	30.79	73.2	49.92	69.5	65.85	65.5	68.58	62.3	65.01	58.7
	CNG	6.36	15.1	13.10	18.2	20.47	20.4	23.87	21.7	26.24	23.7
	LPG	0.98	2.3	0.00	0.0	0.00	0.0	0.00	0.0	0.00	0.0
	电动	0.00	0.0	2.36	3.3	5.45	5.4	8.18	7.4	10.55	9.5
强化低碳情景	汽油	3.90	9.3	6.11	9.3	7.72	7.7	7.73	7.0	6.71	6.1
	柴油	30.79	73.2	47.29	73.2	58.53	58.3	56.47	51.3	48.76	44.0
	CNG	6.36	15.1	14.59	15.1	24.61	24.5	30.75	27.9	35.48	32.0
	LPG	0.98	2.3	0.00	0.0	0.00	0.0	0.00	0.0	0.00	0.0
	电动	0.00	0.0	3.84	5.3	9.59	9.5	15.06	13.7	19.80	17.9

表 3-18

不同情景下城市出租汽车能源结构

情景	能源消费结构	2010年		2020年		2030年		2040年		2050年	
		数量（万辆）	比例（%）	数量（万辆）	比例（%）	数量（万辆）	比例（%）	数量（万辆）	比例（%）	数量（万辆）	比例（%）
基准情景	汽油	85.64	69.9	93.31	69.2	99.55	68.7	106.33	68.5	110.89	68.1
	柴油	8.88	7.3	9.81	7.3	10.54	7.3	11.27	7.3	11.93	7.3
	LPG	0.62	0.5	0.00	0.0	0.00	0.0	0.00	0.0	0.00	0.0
	CNG	1.72	1.4	2.16	1.6	2.39	1.7	2.61	1.7	2.81	1.7
	双燃料	25.69	21.0	29.27	21.7	31.94	22.1	34.58	22.3	36.87	22.6
	电动	0.00	0.0	0.17	0.1	0.19	0.1	0.21	0.1	0.22	0.1
	混动 *	0.00	0.0	0.17	0.1	0.19	0.1	0.21	0.1	0.22	0.1
低碳情景	汽油	85.64	69.9	88.17	65.4	89.09	61.5	89.74	57.5	88.717	54.4
	柴油	8.88	7.3	9.27	6.9	9.44	6.5	9.53	6.1	9.54	5.9
	LPG	0.62	0.5	0.00	0.0	0.00	0.0	0.00	0.0	0.00	0.0
	CNG	1.72	1.4	3.57	2.7	5.28	3.6	7.36	4.7	8.94	5.5
	双燃料	25.69	21.0	30.69	22.8	34.83	24.1	39.56	25.3	43.01	26.4
	电动	0.00	0.0	1.59	1.2	3.08	2.1	4.93	3.2	6.36	3.9
	混动	0.00	0.0	1.59	1.2	3.08	2.1	4.93	3.2	6.36	3.9
强化低碳情景	汽油	85.64	69.9	83.04	61.6	78.64	54.3	73.37	47.3	66.53	40.8
	柴油	8.88	7.3	8.73	6.5	8.33	5.8	7.78	5.0	7.15	4.4
	LPG	0.62	0.5	0.00	0.0	0.00	0.0	0.00	0.0	0.00	0.0
	CNG	1.72	1.4	4.99	3.7	8.17	5.6	11.72	7.6	15.08	9.3
	双燃料	25.69	21.0	32.11	23.8	37.72	26.0	43.69	28.1	49.15	30.2
	电动	0.00	0.0	3.01	2.2	5.97	4.1	9.32	6.0	12.51	7.7
	混动	0.00	0.0	3.01	2.2	5.97	4.1	9.32	6.0	12.51	7.7

注：* 为混合动力。

出行总量为7334亿人次，因此2010年公共汽电车出行量占城市全方式出行总量的9.14%。按照趋势分析法，基准情景中城市公共交通在2050年约占全方式出行分担率的36.00%，其中公共汽电车所占比例约为24.67%，故设定2050年城市公共汽电车出行比例占城市全方式出行总量的24.67%。情景分析中设定，伴随着对城市客运的资金、政策的投入，公共汽电车在全方式出行中所占比例将会提升，因此低碳和强化低碳情景中公共汽电车在全方式出行中的分担率将会进一步提升，在2050年分别达到25.35%和44.54%。2010—2050年城市公共汽电车出行量及全方式出行分担率详见表3-19。

2010—2050年城市公共汽电车客运量预测 表3-19

情景	项　目	2010年	2020年	2030年	2040年	2050年
基准情景	公共汽电车出行量(亿人次)	670.10	1286.34	1885.68	2403.07	2850.04
	公共汽电车出行分担率(%)	9.14	13.63	17.49	21.13	24.67
低碳情景	公共汽电车出行量(亿人次)	670.10	1305.93	1926.77	2464.22	2929.20
	公共汽电车出行分担率(%)	9.14	13.84	17.87	21.67	25.35
强化低碳情景	公共汽电车出行量(亿人次)	670.10	1854.24	3077.18	4176.39	5145.90
	公共汽电车出行分担率(%)	9.14	19.65	28.55	36.72	44.54

2)城市出租汽车客运量

与城市公共汽电车客运量相似，城市出租汽车客运量预测首先结合城市人口增长趋势，按照平均每人每天出行3次预测出2010—2050年城市全方式出行的次数，按照2010年城市客运统计，城市出租汽车客运量为346亿人次，当年城市全方式出行总量为7334亿人次，因此2010年出租汽车出行量占城市全方式出行总量的4.72%。按照趋势分析法，基准情景中城市出租汽车在2050年约占全方式出行分担率的5.40%，故设定2050年城市出租汽车出行比例占城市全方式出行总量的5.40%。情景分析中设定，伴随着对城市公交的资金、政策的投入，出租车在全方式出行中所占比例将会有所下降，因此低碳和强化低碳情景中出租汽车在全方式出行中的分担率将会在2050年分别下降到4.80%和5.50%。2010—2050年城市出租汽车出行量及全方式出行分担率详见表3-20。

2010—2050年城市出租汽车客运量预测 表3-20

情景	项　目	2010年	2020年	2030年	2040年	2050年
基准情景	出租汽车出行量(亿人次)	346	462	546	595	624
	出租汽车出行分担率(%)	4.72	4.89	5.06	5.23	5.40
低碳情景	出租汽车出行量(亿人次)	346	447	513	544	555
	出租汽车出行分担率(%)	4.72	4.74	4.76	4.78	4.80
强化低碳情景	出租汽车出行量(亿人次)	346.28	463.99	550.94	603.37	635.46
	出租汽车出行分担率(%)	4.72	4.92	5.11	5.31	5.50

3)城市轨道交通客运量

与城市公共汽电车和出租汽车相似，城市轨道交通客运量预测首先结合城市人口增长趋势，按照平均每人每天出行3次预测出2010—2050年城市全方式出行的次数，按照2010年城市客运统计，城市轨道交通客运量为55.68亿人次，当年全方式出行总量为7334亿人次，因此2010年轨道交通出行量占城市全方式出行总量的0.76%。按照趋势分析法，基准情景中城市公共交通在2050年约占全方式出行分担率的36.00%，其中城市轨道交通所占比例约为11.33%，故设定2050年城市轨道交通出行比例占城市全方式出行总量的11.33%。情景分析中设定，伴随着国家对城市轨道交通基础设施建设投入力度的增加，城市轨道交通在全方式出行中所占比例将会提升，因此低碳和强化低碳情景中将轨道交通出行在全方式出行中的分担率将会进一步提升，在2050年分别达到11.65%和20.46%。2010至2050年城轨道交通出行量及全方式出行分担率详见表3-21。

2010—2050年城市轨道交通客运量预测 表3-21

情景	项　目	2010年	2020年	2030年	2040年	2050年
基准情景	城市轨道交通客运量(亿人次)	55.68	263.58	588.10	948.94	1309.35
	城市轨道交通出行分担率(%)	0.76	2.79	5.46	8.34	11.33
低碳情景	城市轨道交通客运量(亿人次)	55.68	267.60	600.91	973.09	1345.72
	城市轨道交通出行分担率(%)	0.76	2.84	5.57	8.56	11.65
强化低碳情景	城市轨道交通客运量(亿人次)	55.68	379.95	959.70	1649.20	2364.10
	城市轨道交通出行分担率(%)	0.76	4.03	8.90	14.50	20.46

4)城市客运轮渡客运量

因为道路交通方式的发展,城市客运轮渡客运量呈现减少的趋势,但是轮渡作为城市公共交通出行方式之一,仍将承担部分城市公共交通量。虽然轮渡比其他道路交通方式更加环保,但是受到水网和运营速度等方面的限制,所占比例相对较低,且对于道路交通方式,可替代性较差,因此模型假设,三种情景下,城市轮渡的客运量变化不大,见表3-22。

2010—2050年城市客运轮渡客运量预测 表3-22

情景	项　目	2010年	2020年	2030年	2040年	2050年
三种情景	城市客运轮渡出行量(亿人次)	1.90	0.78	0.59	0.50	0.44
	城市客运轮渡出行分担率(%)	0.03	0.01	0.01	0.00	0.00

(三)城市发展参数

为了能够更好地分析未来交通格局,本研究又按照人口将城市划分为不同的组别。不同规模类型的城市有不同的城市发展方式以及车辆保有量。按照人口规模,将城市划分为人口数小于100万的小型城市、100万~300万的中城市、300万~1000万的大城市以及1000万以上超大型城市。各类型城市分布情况,见图3-12、图3-13。

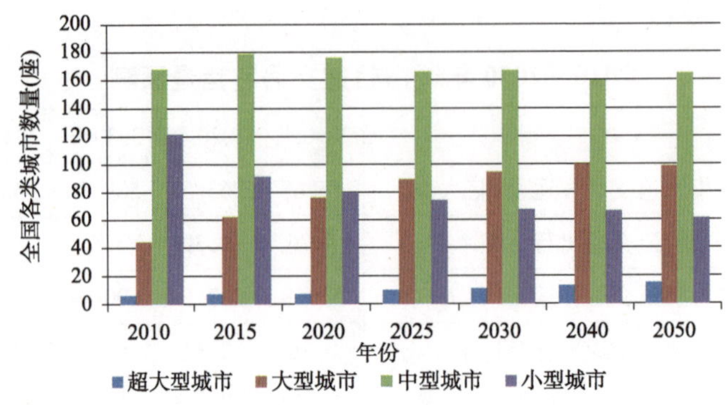

图 3-12　各类型城市分布数量情况

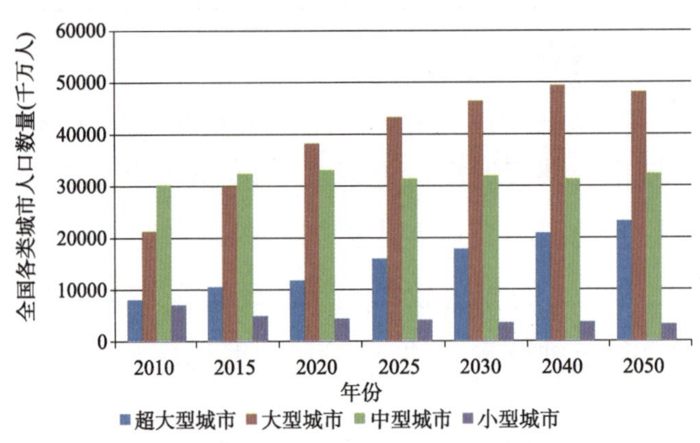

图 3-13　各类型城市人口数量

(四)技术参数

本小节主要分析车辆技术进步、生态驾驶技术推广、车辆养护水平提升等措施在城市客运中的应用对车辆燃油经济性的影响和温室气体排放的影响以及信息化技术的使用、车辆组织调度水平的提升等措施对于车辆空驶率的影响的量化。

1. 技术提升对能耗强度的影响

对城市客运能耗强度产生重要影响的技术措施进行综合分析,其中包括车辆技术进步,主要体现在涡轮增压技术的应用、缸内直喷技术的应用、车体轻量化等新型技术在车辆上的应用，从而使得燃油经济性得以提升。生态驾驶技术主体现在，通过开展生态驾驶技术培训，鼓励引导驾驶员采用生态驾驶技术，合理控制车速、减少不必要的制动等驾驶手段降低车辆的能耗强度。车辆养护水平是通过提高车辆进场率，从而增加车辆的维护水平、增加车辆的机械效率。综合考虑各项措施的影响，结果见表3-23～表3-26。

技术提升对能耗强度的影响(合计) 表3-23

情景	2010年	2020年	2030年	2040年	2050年
基准情景	0%	0%	0%	0%	0%
低碳情景	0%	-1.49%	-2.96%	-4.40%	-5.83%
强化低碳情景	0%	-2.47%	-4.88%	-7.23%	-9.53%

车辆技术提升对能耗强度的影响 表3-24

情景	2010年	2020年	2030年	2040年	2050年
基准情景	0%	0%	0%	0%	0%
低碳情景	0%	-0.50%	-0.99%	-1.48%	-1.96%
强化低碳情景	0%	-0.83%	-1.64%	-2.43%	-3.20%

驾驶技术提升对能耗强度的影响 表3-25

情景	2010年	2020年	2030年	2040年	2050年
基准情景	0%	0%	0%	0%	0%
低碳情景	0%	-0.50%	-0.99%	-1.48%	-1.96%
强化低碳情景	0%	-0.83%	-1.64%	-2.43%	-3.20%

养护水平提升对能耗强度的影响 表3-26

情景	2010年	2020年	2030年	2040年	2050年
基准情景	0%	0%	0%	0%	0%
低碳情景	0%	-0.50%	-0.99%	-1.48%	-1.96%
强化低碳情景	0%	-0.83%	-1.64%	-2.43%	-3.20%

2. 技术提升对运营里程的影响

对城市客运运营里程产生重要影响的技术措施进行综合分析，其中包括信息化技术的使用、车辆组织调度水平等。各项措施对于城市客运能耗强度的影响,见表3-27。

技术提升对运营里程的影响　　表3-27

情景	2010年	2020年	2030年	2040年	2050年
基准情景	0%	0%	0%	0%	0%
低碳情景	0%	-1.49%	-2.96%	-4.40%	-5.83%
强化低碳情景	0%	-2.47%	-4.88%	-7.23%	-9.53%

(五)城市客运主要参数特征

结合上述假设的参数,城市客运主要参数特征,见表3-28。

城市客运主要参数特征表　　表3-28

	参　数	基准情景	低碳情景	强化低碳情景
社会经济参数	GDP	2010—2050年年均增速为6%,其中2014—2015年为8%;2016—2020年为7.7%;2021—2025年为7.2%;2026—2030年为6.6%;2031—2035年为5.9%;2036—2040年为5.1%;2041—2045年为4.2%;2046—2050年为3.2%		
	人口	2025—2035年达到峰值,约为14.3亿人,2050年为13.6亿人		
	城市化率	2030年为68.70%,2050年为77.30%		
	运输装备	公共汽电车:运力水平稳步提升,数量可以满足社会需求,2030年到达100.45万辆,2050年达到110.75万辆。出租汽车:运力水平稳步提升,数量可以满足社会需求,2030年到达143.92万辆,2050年达到162.96万辆。客运轮渡:船舶数量下降,2030年达到54艘,2050年达到19艘		
交通参数	公共汽车运力结构	保持现有公共汽电车能源结构不变,2050年,清洁能源车辆比例达15.2%	增加公共汽电车清洁能源比例,到2030年,清洁能源车辆比例达25.80%;到2050年,清洁能源车辆比例达33.22%	进一步增加公共汽电车清洁能源比例,到2030年,清洁能源车辆比例达34.0%;到2050年,清洁能源车辆比例达49.9%

续上表

	参数	基准情景	低碳情景	强化低碳情景
交通参数	出租汽车运力结构	保持现有出租汽车能源结构不变，2050年，清洁能源车辆比例达到24.6%	增加出租汽车清洁能源比例，到2030年，清洁能源车辆比例达31.14%；到2050年，清洁能源车辆比例达39.70%	进一步增加出租汽车清洁能源比例，到2030年，清洁能源车辆比例达34.0%；到2050年，清洁能源车辆比例达49.9%
	城市公共汽电车分担率	城市公共汽电车客运量稳步上升，于2030年达到17.49%，约1885.68亿人次；2050年达到24.67%约2850.04亿人次	城市公共汽电车客运量进一步上升，于2030年达到17.87%，约1926.77亿人次；2050年达到25.35%约2929.20亿人次	城市公共汽电车客运量进一步上升，于2030年达到28.55%，约3077.18亿人次；2050年达到44.54%约5145.90亿人次
	城市出租汽车分担率	城市出租汽车客运量保持稳定，于2030年达到5.06%，约545.55亿人次；2050年达到5.40%约623.91亿人次	城市出租汽车客运量下降，于2030年达到4.76%，约513.21亿人次；2050年达到4.80%约554.58亿人次	城市出租汽车客运量进一步下降，于2030年达到5.11%，约550.94亿人次；2050年达到5.50%约635.46亿人次
	城市客运轮渡分担率	城市客运轮渡分担率呈逐年下降的趋势。到2030年约占0.01%，达到0.59亿人次；2050年达到0.44亿人次		
	城市轨道交通分担率	城市轨道交通客运量稳步上升，于2030年达到5.46%，约588.10亿人次；2050年达到11.33%约1309.35亿人次	城市轨道交通客运量进一步上升，于2030年达到5.57%，约600.91亿人次；2050年达到11.65%约1345.72亿人次	城市轨道交通客运量稳步上升，于2030年达到8.90%，约959.70亿人次；2050年达到20.46%约2364.10亿人次

续上表

	参数	基准情景	低碳情景	强化低碳情景
技术参数	车辆技术	车辆技术没有明显提升	车辆技术有所提升，于2030年为能耗强度提供0.99%的贡献；于2050年为能耗强度提供1.96%的贡献	车辆技术进一步提升，于2030年为能耗强度提供1.64%的贡献；于2050年为能耗强度提供3.20%的贡献
	驾驶技术	驾驶技术没有明显提升	驾驶技术有所提升，于2030年为能耗强度提供0.99%的贡献；于2050年为能耗强度提供1.96%的贡献	驾驶技术进一步提升，于2030年为能耗强度提供1.64%的贡献；于2050年为能耗强度提供3.20%的贡献
	进场率	维护水平没有明显提升，保持进场率达到50%	维护水平有所提升，于2030年达到进场率60%以上并为能耗强度提供0.99%的贡献；于2050年达到进场率80%以上并为能耗强度提供1.96%的贡献	维护水平进一步提升，于2030年达到进场率70%以上并为能耗强度提供1.64%的贡献；于2050年达到进场率90%以上并为能耗强度提供3.20%的贡献
	信息化及组织调度水平	信息化水平没有明显提升	信息化及组织调度水平有所提升，于2030年达到车辆信息化终端安装率60%以上并为运营里程的降低提供2.96%的贡献；于2050年达到车辆信息化终端安装率80%以上并为运营里程的降低提供5.83%的贡献	信息化及组织调度水平进一步提升，于2030年达到车辆信息化终端安装率70%以上并为运营里程的降低提供4.88%的贡献；于2050年达到车辆信息化终端安装率90%以上并运营里程的降低提供9.53%的贡献

续上表

	参 数	基准情景	低碳情景	强化低碳情景
城市发展参数	各类型城市规模水平	到2030年,小型城市数量为67座,人口达到0.36亿人;中型城市数量为166座,人口达到3.18亿人;大型城市数量为94座,人口达到4.61亿人;超大型城市数量为11座,人口达到1.77亿人;到2050年,小型城市数量为61座,人口达到0.32亿人;中型城市数量为164座,人口达到3.22亿人;大型城市数量为98座,人口达到4.78亿人;超大型城市数量为15座,人口达到2.30亿人		

三、情景分析及结果讨论

(一)情景分析结果

对城市交通能源需求及碳排放趋势进行分析,城市居民出行特征与当前的主要特点相似,车辆能源结构变化不大以及交通基础设施和车辆技术变化缓慢发展,没有发生显著变化的情况下,各交通方式的能源消耗量保持快速增长趋势,且到2050年尚未达到峰值。CO_2 排放同样保持快速增长的趋势,2050年前也未出现峰值。相关情况,见图3-14 ~ 图3-17,表3-29、表3-30。

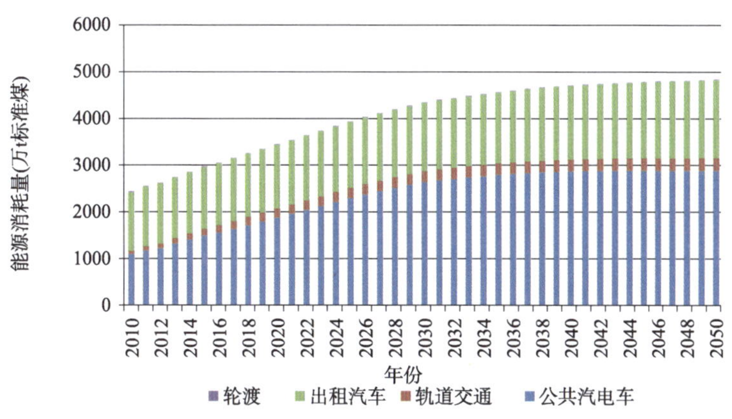

图3-14 基准情景(BAU)下各交通方式出行量能源消耗

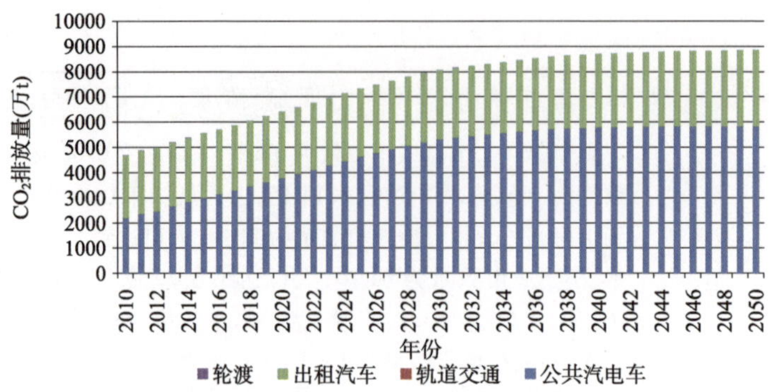

图 3-15　基准情景(BAU)下各交通方式出行 CO_2 排放量

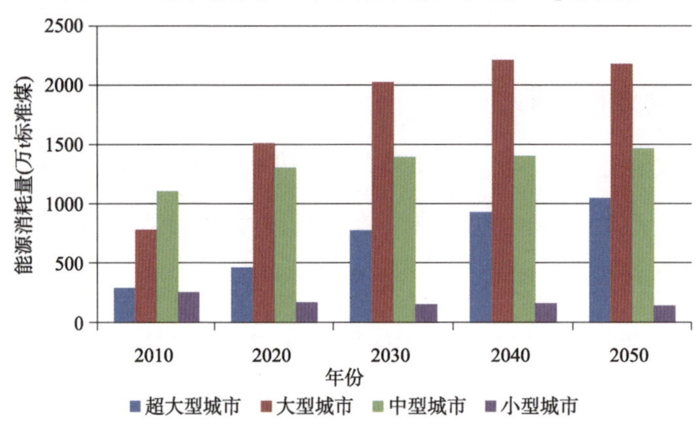

图 3-16　基准情景(BAU)下各规模城市能耗

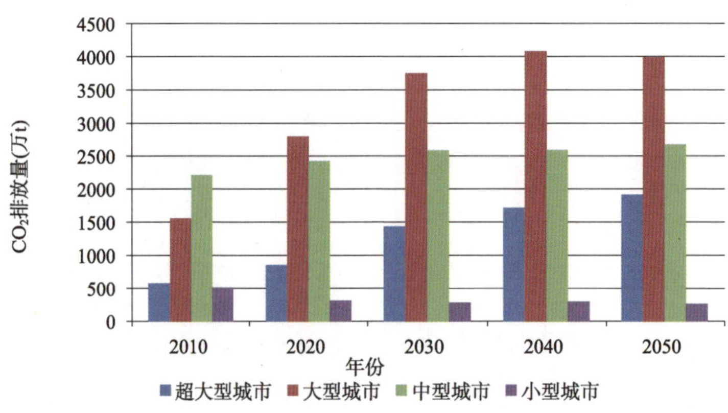

图 3-17　基准情景(BAU)下各规模城市 CO_2 排放

基准情景(BAU)下特征年各规模城市能耗(万t标准煤) 表3-29

项　目	2010年	2020年	2030年	2040年	2050年
超大型城市	293.15	463.47	774.91	931.33	1047.71
大型城市	779.00	1508.48	2022.65	2210.21	2177.78
中型城市	1105.28	1304.30	1393.53	1403.13	1463.52
小型城市	256.60	171.29	156.12	164.55	146.06

基准情景(BAU)下各规模城市 CO_2 排放(万t) 表3-30

项　目	2010年	2020年	2030年	2040年	2050年
超大型城市	588.95	864.76	1441.72	1724.25	1923.46
大型城市	1565.04	2814.55	3763.11	4091.96	3998.15
中型城市	2220.55	2433.58	2592.65	2597.74	2686.84
小型城市	515.53	319.60	290.45	304.64	268.15

随着全国城镇化率的提升,城市人口的数量逐年增加。超大型城市和大型城市数量及人口均呈逐年递增的态势。同时,为保障城市公共交通的运输能力,公共交通车辆和出租汽车数量也随之增加,导致能源消耗和 CO_2 排放均呈现增加的趋势。大型城市的能耗和 CO_2 排放呈现先增长后下降的趋势,而小型城市的能耗和 CO_2 排放均呈现下降态势。

基于城市交通能源需求及碳排放趋势分析,在城市公共交通得到优化、车辆空驶里程降低,车辆能源结构得到一定优化(可替代能源车辆所占比例有所提升)以及交通基础设施和车辆技术发生变化等情况下,各交通方式的能源消耗于2044年达到峰值,峰值为4165.15万t标准煤。CO_2 排放同样保持减速增长的趋势,速度明显比基准情景降低,峰值出现在2038年,峰值为7575.98万t CO_2。相关情况,见图3-18～图3-21,表3-31、表3-32。

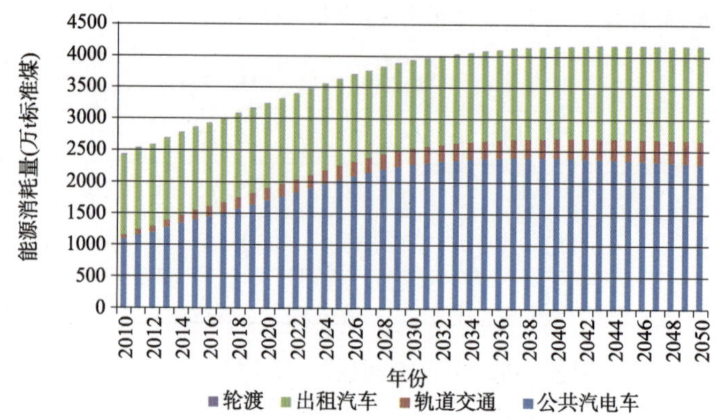

图 3-18　低碳情景下各交通方式出行能耗

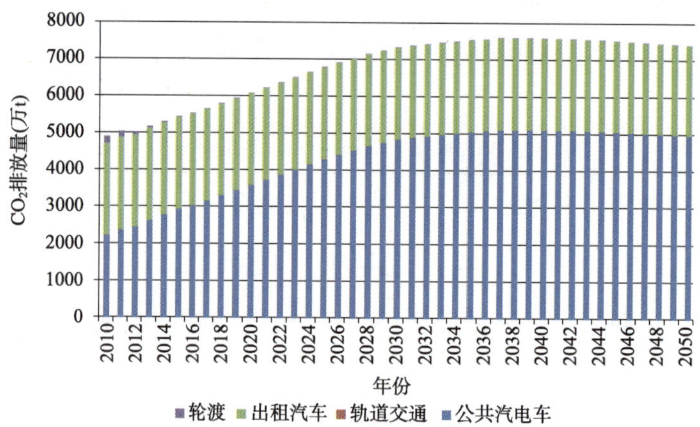

图 3-19　低碳情景下各交通方式出行 CO_2 排放

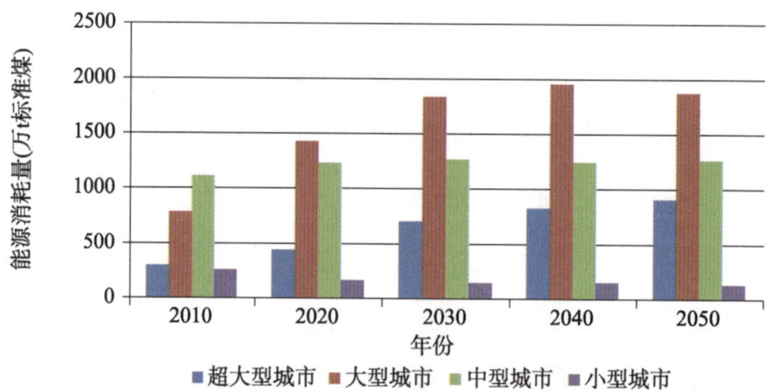

图 3-20　低碳情景下各规模城市能耗

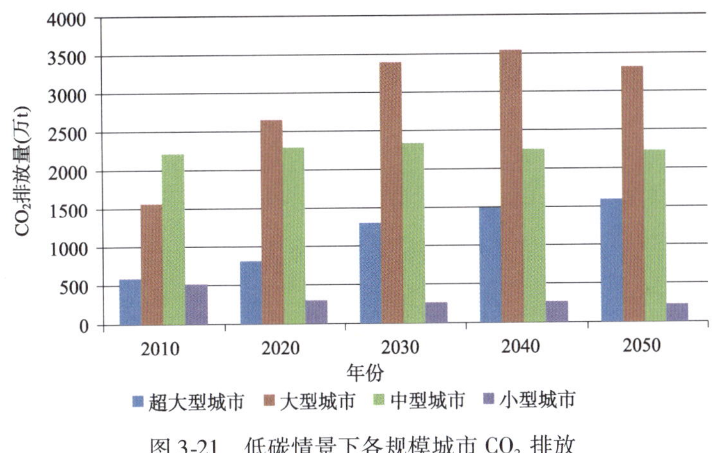

图 3-21 低碳情景下各规模城市 CO_2 排放

低碳情景下各规模城市能耗(万 t 标准煤) 表 3-31

项 目	2010 年	2020 年	2030 年	2040 年	2050 年
超大型城市	293.15	435.65	701.28	821.19	900.98
大型城市	779.00	1417.93	1830.45	1948.82	1872.79
中型城市	1105.28	1226.00	1261.11	1237.19	1258.56
小型城市	256.60	161.01	141.28	145.09	125.60

低碳情景下各规模城市 CO_2 排放(万 t) 表 3-32

项 目	2010 年	2020 年	2030 年	2040 年	2050 年
超大型城市	588.95	816.54	1303.33	1497.68	1600.94
大型城市	1565.04	2657.62	3401.90	3554.27	3327.74
中型城市	2220.55	2297.89	2343.79	2256.40	2236.31
小型城市	515.53	301.78	262.57	264.61	223.18

同基准情景类似,随着全国城镇化率的提升,城市人口的数量逐年增加。超大型城市数量及人口均呈逐年递增的态势。同时,为满足对城市公共交通的需求,公共交通车辆和出租汽车数量也随之增加,导致能源消耗和 CO_2 排放均呈现增加的趋势。大型城市和中型城市的能耗和 CO_2 排放呈现先增长后下降的趋势,而小型城市的能耗和 CO_2 排放均呈现下降态势。与基准情景相比,各规模城市的能源消耗和 CO_2 排放均小于基准情景下同类型城市同期的能耗和排放。

基于城市交通能源需求及碳排放趋势分析，在城市公共交通得到进一步优化、车辆空驶里程、能耗强度进一步降低，车辆能源结构得到进一步优化（可替代能源车辆所占比例增加）以及交通基础设施和车辆技术发生变化的情况下，各交通方式的能源消耗量于2041年达到峰值，峰值为3954.51万t标准煤。CO_2排放同样保持减速增长的趋势，峰值则出现在2037年，峰值为6933.23万tCO_2。相关情况，见图3-22～图3-25，表3-33、表3-34。

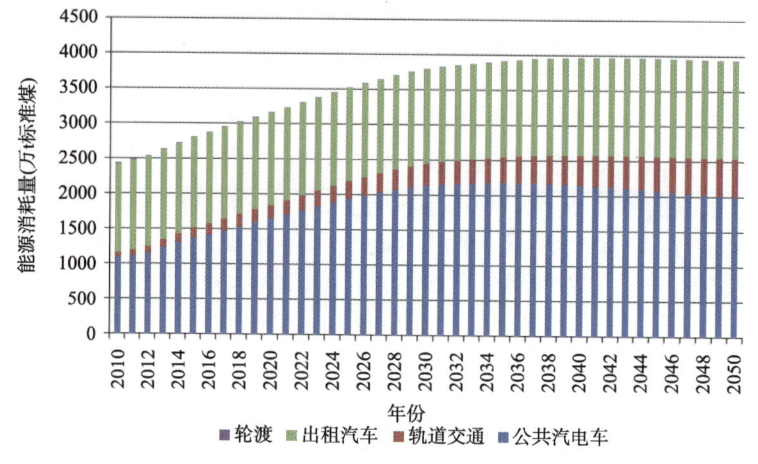

图3-22 强化低碳情景下各交通方式能耗

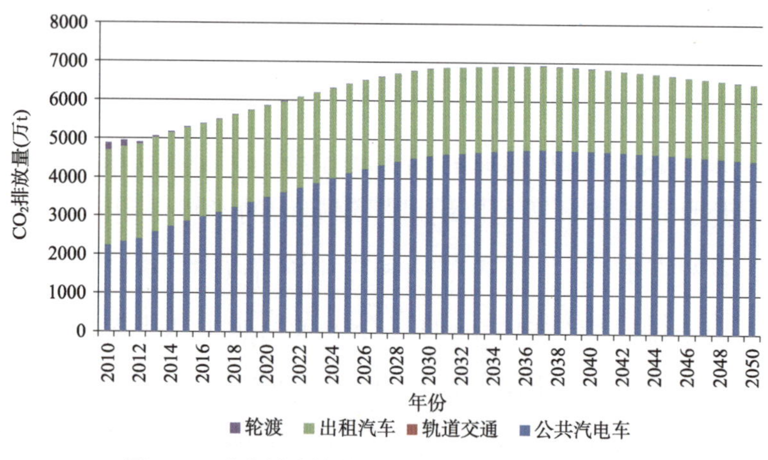

图3-23 强化低碳情景下各交通方式出行CO_2排放

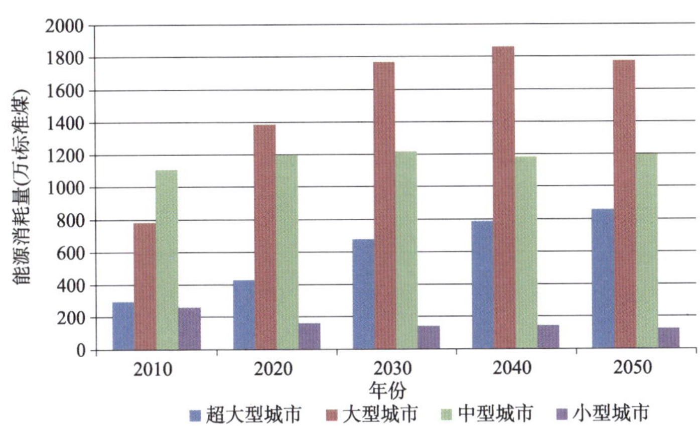

图 3-24 强化低碳下各规模城市能耗

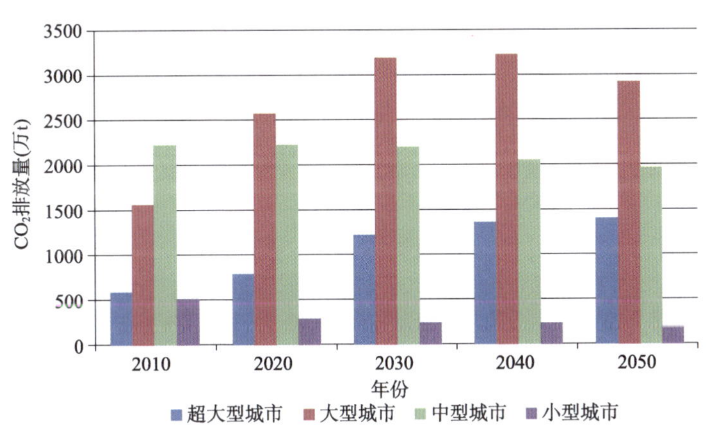

图 3-25 强化低碳情景下各规模城市 CO_2 排放

强化低碳情景下各规模城市能耗(万 t 标准煤) 表 3-33

项 目	2010 年	2020 年	2030 年	2040 年	2050 年
超大型城市	293.15	424.14	675.00	781.97	851.12
大型城市	779.00	1380.45	1761.85	1855.76	1769.15
中型城市	1105.28	1193.59	1213.86	1178.11	1188.91
小型城市	256.60	156.75	135.99	138.16	118.65

强化低碳景下各规模城市 CO_2 排放(万 t)　　表 3-34

项　目	2010 年	2020 年	2030 年	2040 年	2050 年
超大型城市	588.95	789.22	1220.43	1357.26	1401.08
大型城市	1565.04	2568.70	3185.51	3221.02	2912.30
中型城市	2220.55	2221.01	2194.71	2044.84	1957.13
小型城市	515.53	291.68	245.87	239.80	195.32

随着全国城镇化率的提升,城市人口的数量逐年增加。超大型城市数量及人口均呈逐年递增的态势。同时,为保障城市公共交通的运输能力,公共交通车辆和出租汽车数量也随之增加,导致能源消耗和 CO_2 排放均呈现增加的趋势。大型城市和中型城市的能耗和 CO_2 排放呈现先增长后下降的趋势,与低碳情景相比,峰值有所提前,而小型城市的能耗和 CO_2 排放均呈现下降态势。与低碳情景相比,各规模城市的能源消耗和 CO_2 排放进一步小于基准情景下同类型城市同期的能耗和排放。

(二)情景分析结果讨论

根据三种情景设定的各项指标,以及对总出行量的预测,计算出三种情景下的城市客运能耗和碳排放,并对其结构进行分析。

1. 能耗

在三种情景下,城市客运能耗的比较如图 3-26 所示,从中可以看出,基准情景、低碳情景和强化低碳情景下,城市客运总能耗呈现依次下降的态势。低碳情景、强化低碳情景下均出现了能耗峰值,基准情景能耗峰值在 2050 年前并未出现。在采用部分先进技术、政策引导等措施后,低碳情景中,能耗峰值提前到了 2044 年,峰值为 4165.15 万 t 标准煤,是 2010 年能耗的 1.71 倍。在强化低碳情境下,因为采用了较为严格的政策和措施,能耗峰值比低碳情景更早出现,出现于 2041 年,峰值为 3954.51 万 t 标准煤,是 2010 年能耗的 1.62 倍。由此可见,通过技术和政策手段,可

以使城市客运能耗峰值提前到达,同时峰值降低。

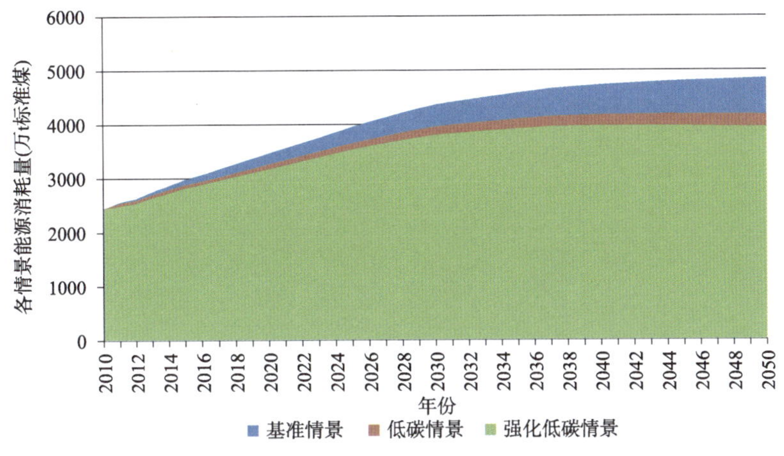

图 3-26 三种情景下城市客运能耗比较

就城市客运方式来说,基准情景下公共汽电车所占的能耗比例一直很大,其次是出租汽车能耗,轨道交通所占比例最小。就涨幅而言,城市轨道交通和公共汽电车能耗涨幅较大,出租汽车因为其能源效率较低,发展受到抑制,能源消耗涨幅较低。低碳情景下,城市公共汽电车能源消耗所占比例依旧最高,但与基准情景相比已有下降;其次是出租汽车所占能耗;轨道交通能耗与基准情景相比略有减小,但总体变化不大,因为出租汽车和公共汽电车能耗均有大幅下降,因此轨道交通能耗所占比例有所提升。强化低碳情景中,虽然公共汽电车能耗所占比例依旧最大,但是其所占比例随着时间推移进一步下降。

除小型城市外,三种规模的城市客运能耗均出现增长或涨中有降的趋势,而小型城市的能耗呈现总体下降的趋势。就三种情景的节能量比较,大型城市和中型城市最为明显,超大型城市次之,小型城市节能效果相对较为不明显。这主要因为大、中型城市数量较多,而超大型城市公共交通规模较大,随着城市人口的增长,大、中型城市的数量也处于增长的趋势,因此节能效果较为明显,而小型城市数量处于下降趋势,并且公共交通规模较小,因此能耗节省的空间相对有限。详见图 3-27 ~ 图 3-30。

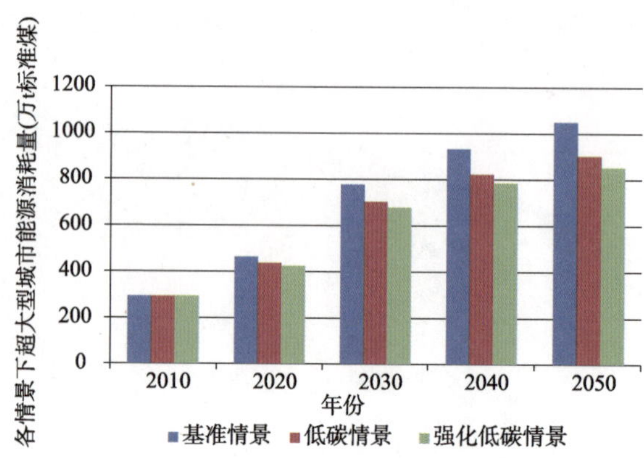

图 3-27　三种情景下超大型城市能耗变化趋势

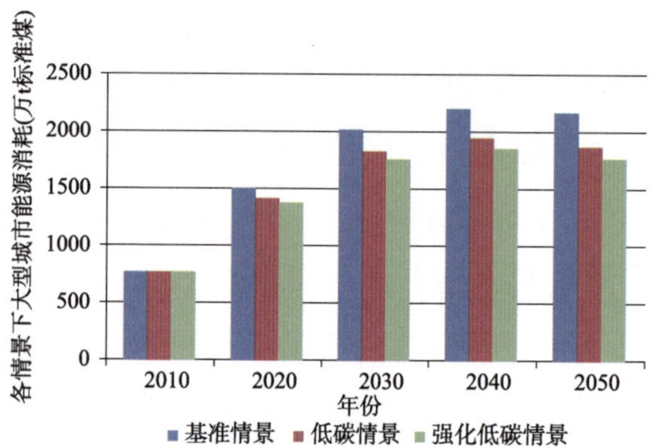

图 3-28　三种情景下大型城市能耗变化趋势

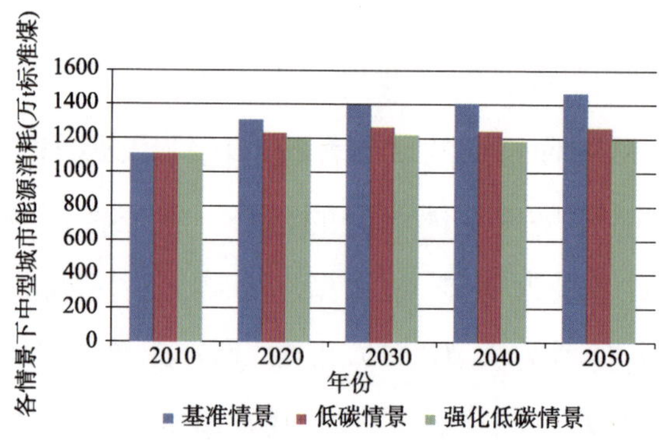

图 3-29　三种情景下中型城市能耗变化趋势

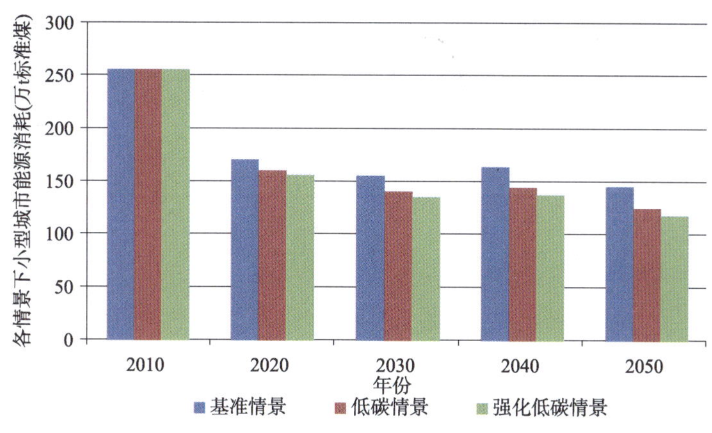

图 3-30 三种情景下小型城市能耗变化趋势

2. 排放

在三种情景下，城市客运 CO_2 排放的比较如图 3-31 所示，从中可以看出，基准情景、低碳情景和强化低碳情景下城市客运 CO_2 排放与能耗一样呈现依次下降的态势。低碳情景、强化低碳情景下均出现了排放峰值，其中基准情景 CO_2 排放峰值 2050 年前并未出现。在采用部分先进技术、政策引导等措施后，低碳情景中，CO_2 排放峰值出现在 2038 年，峰

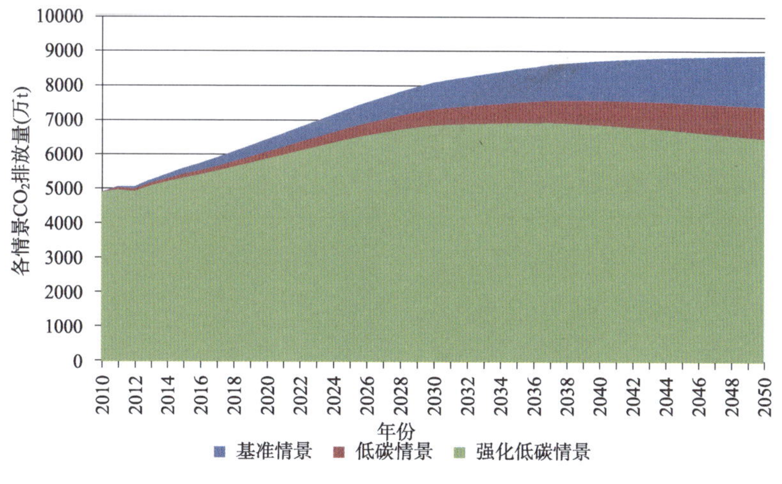

图 3-31 三种情景下城市公共交通 CO_2 排放比较

值为7575.98万tCO_2,是2010年碳排放的1.55倍。在强化低碳情境下,因为采用了较为严格的政策和措施,CO_2排放峰值比低碳情景更早出现,出现于2037年,峰值为6933.23万tCO_2,是2010年碳排放的1.42倍。由此可见,通过技术和政策手段,可以使城市客运排放峰值提前到达,同时峰值降低。

按照交通方式来分,因为城市轨道交通全部按照电能计算,而情景设定电能的排放均属于生产部门的排放,因此并没有源自城市轨道交通的CO_2排放。三种情景中,源自公共汽电车的CO_2排放最多,远大于来自出租汽车的CO_2排放。就排放峰值达到的时间看,三种情景中,CO_2排放的峰值均要早于能耗的峰值,这主要因为随着时间的推移,替代能源在城市客运所占比例逐渐升高,而替代能源的碳排放系数低于传统化石燃料的排放系数。

与能耗的发展趋势相似,各规模城市的CO_2排放也呈现超大型、大型、中型城市增长,小型城市CO_2排放下降的态势;大型、中型城市减排潜力明显,超大型城市减排效果次之,小型城市减排潜力较弱。详见图3-32~图3-35。

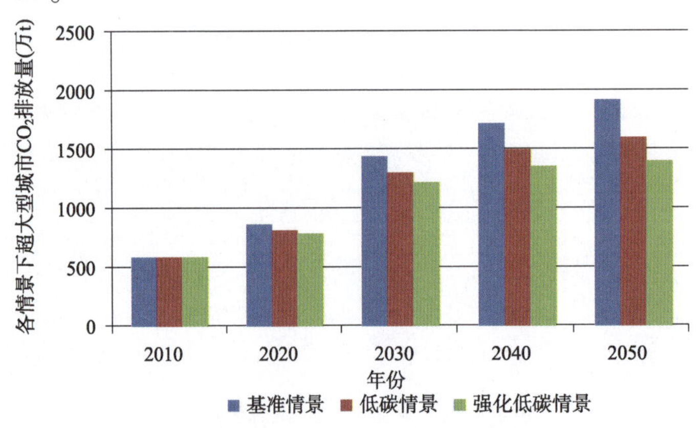

图3-32 三种情景下超大型城市CO_2排放变化趋势

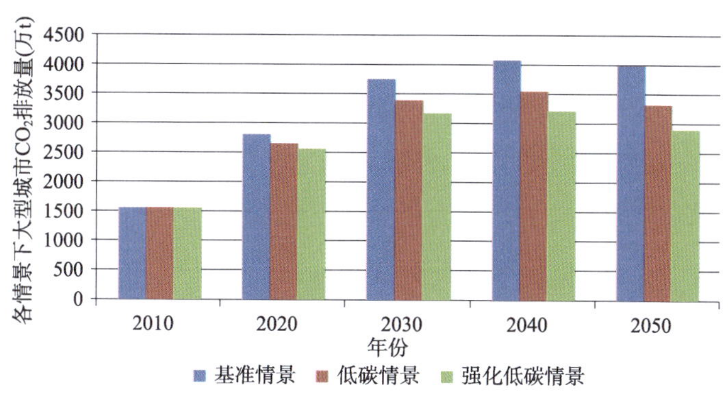

图 3-33 三种情景下大型城市 CO_2 排放变化趋势

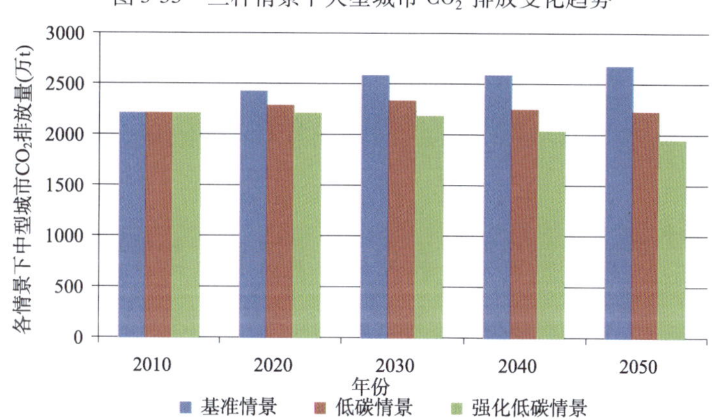

图 3-34 三种情景下中型城市 CO_2 排放变化趋势

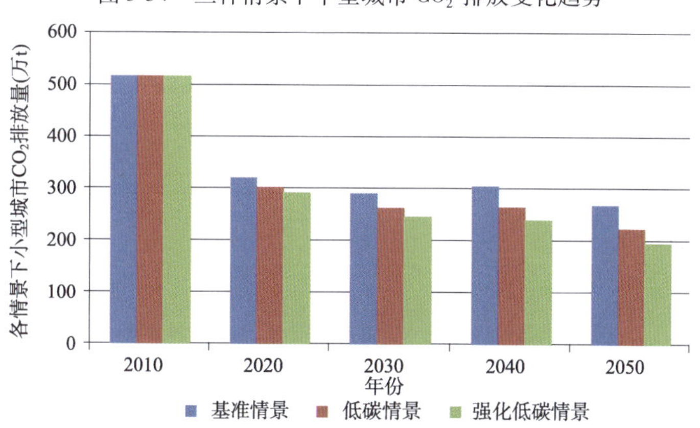

图 3-35 三种情景下小型城市 CO_2 排放变化趋势

就 CO_2 排放强度来说，城市公共汽电车 CO_2 排放强度远小于出租汽车的 CO_2 排放强度，在三种情景下，城市公共汽电车和出租汽车的 CO_2 排放强度均呈现下降的趋势。同时，三种情景之间，强化低碳情景的 CO_2 排放强度下降速率最高，其次为低碳情景，基准情景的 CO_2 排放强度下降趋势较为平缓。详见图 3-36、图 3-37。

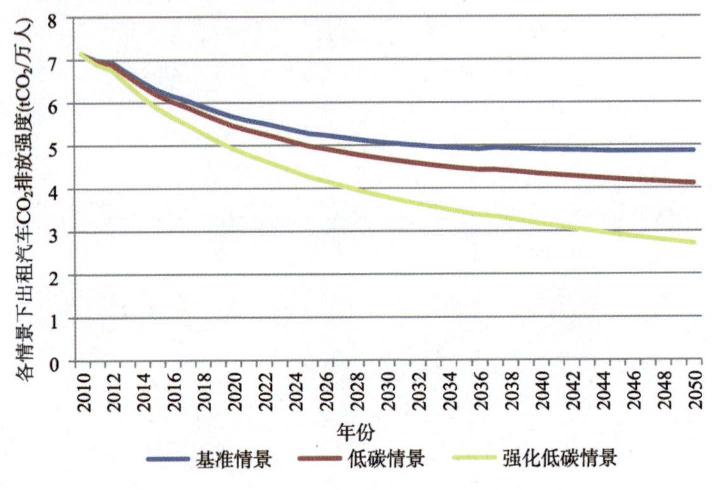

图 3-36　三种情景下出租汽车 CO_2 排放强度

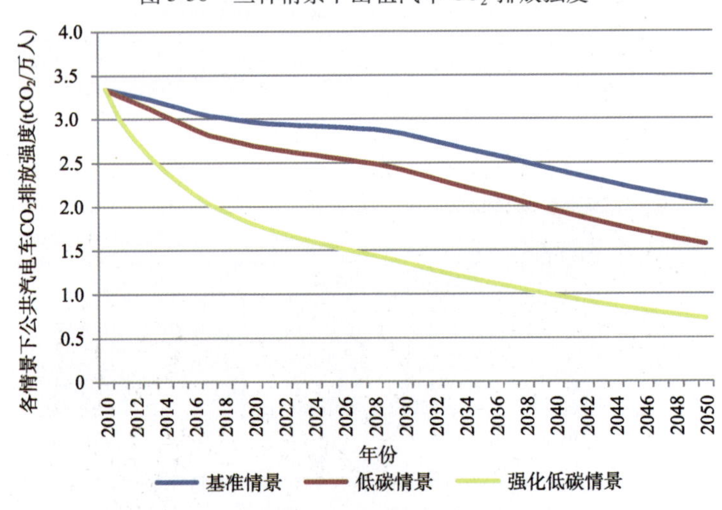

图 3-37　三种情景下公共汽电车 CO_2 排放强度

四、本研究成果与其他研究成果的对比

(一)本研究成果与 LEAP 模型的对比

在运用自建模型构建城市客运温室气体排放模型的同时,课题组在同等假设条件下也运用 LEAP 模型对城市客运温室气体排放进行搭建,两组模型的对比情况见图 3-38、图 3-39。

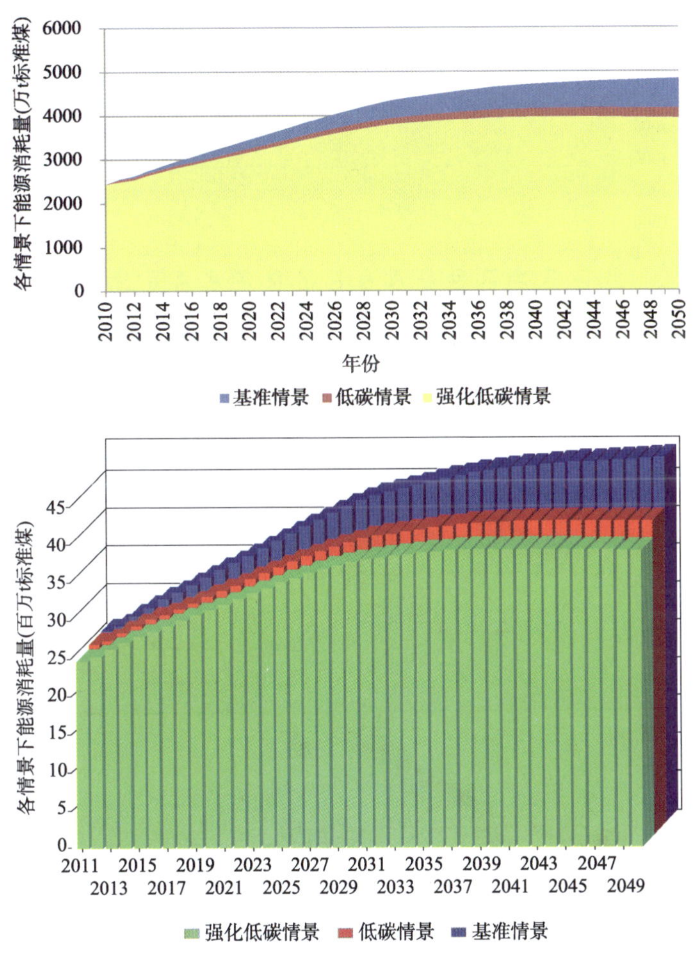

图 3-38 自建模型与 LEAP 模型在城市客运能耗方面的比较

由图3-38可知,三种情景下LEAP模型与自建模型对城市客运能耗的预测基本一致,基准情景均呈现缓慢上涨的趋势;低碳情景与强化低碳情景均为先增长后下降的趋势。在2050年前,两种模型下的基准情景温室气体排放均未出现峰值。因此可以认为LEAP模型和自建模型数据一致,自建模型情景分析预测值基本可信。

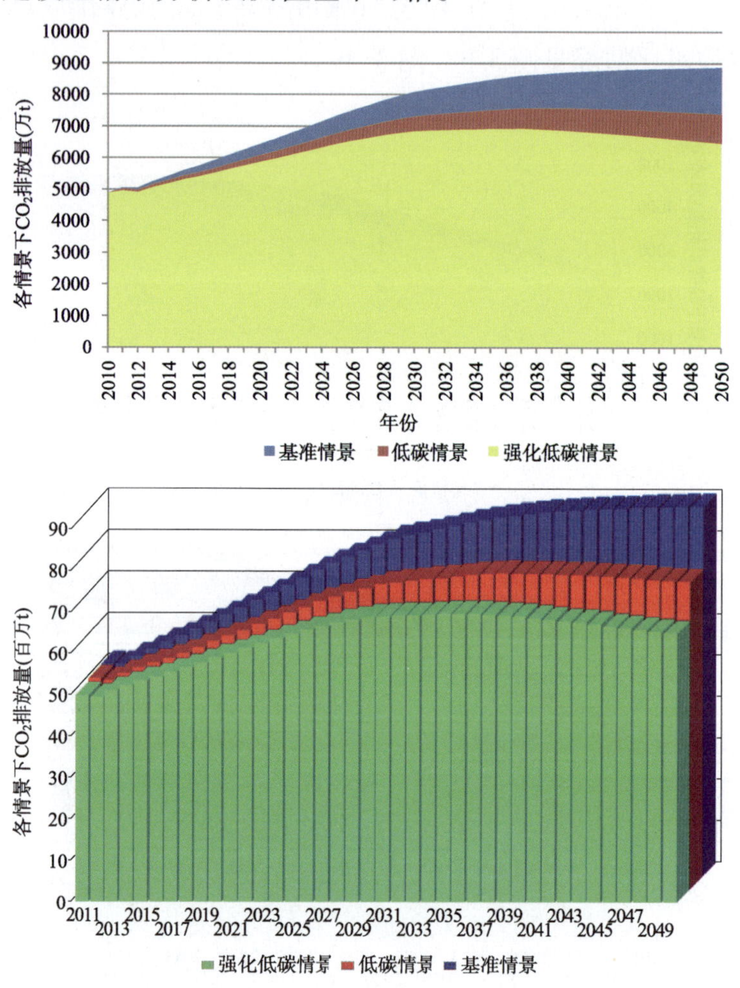

图3-39 自建模型与LEAP模型在城市客运温室气体排放方面的比较

由图3-39可知,三种情景下LEAP模型与自建模型对城市客运温室气体排放的预测极为接近，均呈现缓慢上涨的趋势，在2050年前，两种模型下的基准情景温室气体排放均未出现峰值。低碳情景、强化低碳情景均呈现先增长后下降的趋势，峰值出现的时间也基本接近。

（二）本研究成果与现有成果对比

目前，较为成熟、权威并具有典型代表性的关于城市交通温室气体排放的相关研究有发改委能源所牵头完成的“中国城市低碳发展战略研究”及“中国城市交通节能政策研究”等。本研究以“中国城市低碳发展战略研究”为参考，对研究结论进行分析。“中国城市低碳发展战略研究”以城市机动化出行为整体进行情景分析，既包括城市客运部分，同时也包括社会车辆部分的内容，因此我们仅从能源消耗的变化趋势来进行分析比较。

在“中国城市低碳发展战略研究”中，不考虑社会车辆部分，城市客运中能耗强度最大的交通方式为出租汽车，其次为公共汽电车，最后为城市轨道交通，这与本研究结果一致。此外，在不考虑社会车辆部分的情况下，“中国城市低碳发展战略研究”中三种情景下的公共汽电车、出租汽车和轨道交通能耗与排放均出现了峰值，其排放峰值分别在2037年、2031年和2032年，考虑到“中国城市低碳发展战略研究”包含社会车辆的综合城市机动化交通的情景分析，其中存在社会车辆对城市客运的影响，并且峰值出现的时间与本研究中峰值出现的时间较为接近。因此认为本研究与“中国城市低碳发展战略研究”的结果具有较多的共同点。

五、确定目标和措施建议

根据情景分析结果，提出2015—2050年城市客运减排发展目标和主要措施。

根据情景分析的内容，基准情景中2050年能耗值和排放值分别为2010年的1.99倍和1.82倍，如果采取有效措施，低碳情景下可以使能源需求仅上升1.71倍，而排放仅上升1.51倍。在规模上，大型、中型城市公交车辆数量多、规模较大，是节能减排潜力较大的城市。超大型城市数量虽少，但规模大，可通过提升装备、优化交通结构等措施提升节能减排的水平。小型城市数量少、规模小，应当以发展城市公共交通水平为主要目标，以此增加公共交通出行在机动化出行中的分担率。

（一）目标确定的依据

坚持城市客运节能减排与行业发展相结合，采取政府引导、企业参与、社会监督、市场调节的手段，通过技术革新、规划管理和制度监管等一系列措施在全面开展行业节能减排的同时，对重点领域、重点区域采取更为严格的手段，高效、有序、常态化地监管。坚持行业发展与减少温室气体排放工作的齐头并进。

控制城市客运总能耗和温室气体排放增长的手段主要体现在管理、结构、技术和出行理念等层面，具体包括调整优化城市交通结构、提升和使用先进技术、推广清洁能源的使用、推广信息化技术的使用以及广泛宣传低碳出行理念等措施。目标的确定将会综合考虑以下措施对节能减排的影响和权重。

1. 增强行业管理水平

建立完善的运输车辆准入与退出机制，颁布适合中国国情的公交、出租汽车和客运轮渡车辆、船舶燃气限值标准，并建立严格的监督管理机制，采取相应的考核。在城市公共交通中广泛使用信息化技术，健全对车辆、船的管理，将其纳入“信息化”管理体系中。通过采用信息化手段，对公交、出租汽车、客运轮渡进行调度，合理安排公交车辆班次，减少出租汽车的空驶率。在路口通过信号优先等措施保证公交车辆的优先通行，提升公交的通行速度。

2. 提升生产工艺，推广节能减排技术

采用先进的生产工艺，加强低碳运输装备更新换代、提升车辆的燃料利用效率；并使用先进的节能减排技术，在城市交通中推广一些比较成熟的车辆技术，如低能耗柴油车辆、混合动力出租汽车、公交车等，不仅可以减少排放，同时也能够减少能源需求。对于尚未成熟的新兴汽车，如新能源车、燃料电池车，需要在市政设计和充电站、维修场站的建设上做好准备。

3. 调整优化城市交通结构，增加清洁能源车辆比例

在城市公共交通中，应增加大中容量快速公共汽车交通方式在大型城市公共交通中的比例，推广 BRT、有轨电车等交通方式并在适合的城市修建轻轨或地铁，目前我国大城市均已经确认了这一城市交通发展战略。除此之外，还应当优化城市交通线路网的结构，综合考虑城市规模、土地利用和城市布局，确定合理的线路；建设全面综合的城市公共交通体系，使得普通公交、BRT、轨道交通相互补充；在公共交通基础设施上，应加大建设，例如设立公交专用车道等；推广清洁能源车辆的应用，通过对购买和使用清洁能源车辆的驾驶员给予优惠措施的手段增加清洁能源在城市公共交通的比例，推广天然气、液化石油气、纯电动等车辆在城市公交、出租汽车中的使用。同时，完善加气站、充电站等相关配套设施的建设。

4. 宣传低碳交通理念，加强能力建设

包括推广节能驾驶技术、开展能耗考评等措施，将能耗和排放作为考评指标。加强公共宣传，引导舆论导向，明确向公交车、出租汽车的生产、运营企业宣传低能耗、低排放汽车的生产、使用优势。鼓励公众参与绿色出行，对新能源车辆、低能耗车辆的使用提供政策和资金保障，保证老旧车辆及时换代更新。

在上述措施的实施下，选取便于直观衡量减排成绩，量化减排效果，真实反映减排量的指标进行评价。结合行业发展特点，不难发现，城市客运领域，温室气体的排放与提升服务质量、吸引客流、提高其在市民出行中的分担率之间是存在矛盾的。在我国国民经济持续增长、城市人口和出行不断增加这一大的社会背景下，要求以排放总量为指标进行减排效果的评估势必影响行业发展，因此在保证公共交通服务质量的前提下，单以降低城市客运行业排放总量为发展目标是不可取的。而排放强度作为易采集、更直观、便于计算的指标，能更加准确地反映减排效果。综合上述考虑，项目减排目标以单位客运量的排放强度为指标即选取每万人 CO_2 排放量为反映城市客运的碳排放强度指标，制定和衡量减排效果。

（二）指标设定

在三种情景中，基准情景为基于现有城市客运和温室气体排放水平下进行节能减排能力的缓慢提升，故此情景下的碳排放水平不应作为发展目标；强化低碳情景为大力推进行业减排的工作的实施，对于能源结构、技术影响等方面均有较高的要求，需要投入大量资金、较高的政策引导力度，且有影响行业发展的可能，因此以此情景下的碳排放水平作为发展目标是不合适的。综上所述，以低碳情景中能耗强度为行业发展目标是相对合理可信的，即结合城市客运行业的发展需要，制定节能减排的目标。鉴于“建设低碳交通运输体系实施意见”等我国提出的指导性文件将 CO_2 排放目标年定为 2020 年，并且将城市客运单位人次能耗作为具体指标，因此将特征年2020年作为本研究的目标年。

到2020年，城市客运单位人次能耗比2010年下降20%，其中，城市公交单位人次能耗下降25%、出租汽车单位人次能耗下降17%。

到2020年，城市客运单位人次CO_2排放比2010年下降22%，其中，城市公交单位人次CO_2排放下降28%、出租汽车单位人次CO_2排放下降19%。

六、减排路径

通过管理、技术、结构和出行理念四个主要措施推动行业的节能减排和低碳发展，在不同的发展时期，四个主要措施发挥了不同的节能减排效果，共同组成了低碳城市客运的减排路径。

2010—2020年，随着城市客运行业高速发展，政府、企业管理水平提升，城市公共交通的管理将会由"规模小、分布散、结构乱"向"大交通"发展方式转变，管理机构精简，有效提升了管理效率。因此，对行业减排提升的贡献率将为20%。随着车辆减排技术、油品和燃料质量提升等技术在这一时间段内将会有所进步，部分新型技术在车辆上的应用将会有效降低温室气体排放量，为城市客运低碳发展提供25%的贡献率。这一时期，随着城市规划管理理念的提升和"公交都市"项目的实施，大容量公共交通如城市轨道交通、BRT等项目将会开始广泛建设；同时，伴随着"节能减排专项资金"在地方的投放，天然气等清洁能源车辆的比例有所升高。因此，城市客运机构得到优化，并将会对城市客运节能减排提供30%的贡献率。这段时间是我国经济高速发展、社会转型时期，出行方式将会随着社会进步和广泛宣传发生改变，伴随着倡导"绿色出行"等活动的开展，市民将会合理选择出行，采用公共交通或者慢行交通等方式出行，将对这一时期减少温室气体排放提供25%的贡献率。

2020—2030年，随着"大交通"管理方式的初步形成和信息化技术在大城市的开展应用，交通需求管理和城市客运行业的管理水平进一步提升，将占到这一时期温室气体减排贡献率的22.5%。车辆制造水平和节能减排行车技术的发展得到进一步提升使得车辆百公里能耗得到明显下降，纯电能车辆在行业的占有率开始提升，因此这个时期技术进步所贡献的节能减排率提升为27.5%。城市客运行业的车辆更新换代以及所伴随的结构性调整的初步完成，大容量交通设施的建设正在进行，因此车辆的结构性转变依旧对温室气体减排发挥重要的作用，达到27.5%。伴随着市民低碳出行观念的初步转变，合理出行和低碳出行方式的比例趋于稳定，这一时期，出行方式转变所带来的节能减排效率将会有所下降，达到22.5%的贡献率。

2030—2040年，信息化技术在城市客运管理中已经得到广泛应用，管理者的技术水平也得到了充分提升，这段时期，管理的提升将会进一步增加行业减排的贡献率，达到23%。这段时期新能源技术将会有突破性进展，燃料电池汽车技术获得突破，其他类型的新能源车辆技术趋于成熟，新能源车辆的燃料利用效率进一步提升。此时期技术进步带来的减排效果将会更加明显，贡献率达到30%。大型轨道交通建设已经度过一轮发展期，车辆清洁能源化基本完成，此时期结构优化将会提供25%的贡献率。低碳出行比例进一步保持稳定，达到22%的贡献率。

2040—2050年，结构优化、技术进步、管理提升和观念转变，各项措施发展趋于稳定，各项措施所带来的技术进步趋平均化，四个主要措施的贡献率分别约为24%、26%、23%、27%。

为了实现低碳情景设计的发展模式，实现城市领域的绿色循环低碳发展的目的，在各项措施的相互影响和共同作用下，2020年、2030年、

2050年实现排放量减少358.6万t、776.34万t和1488.44万t,见图3-40。各项措施所带来的减排贡献量,见图3-41。

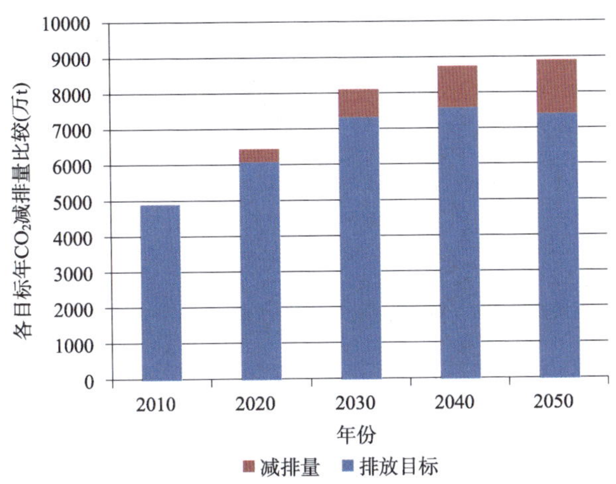

图3-40 各目标年减排量

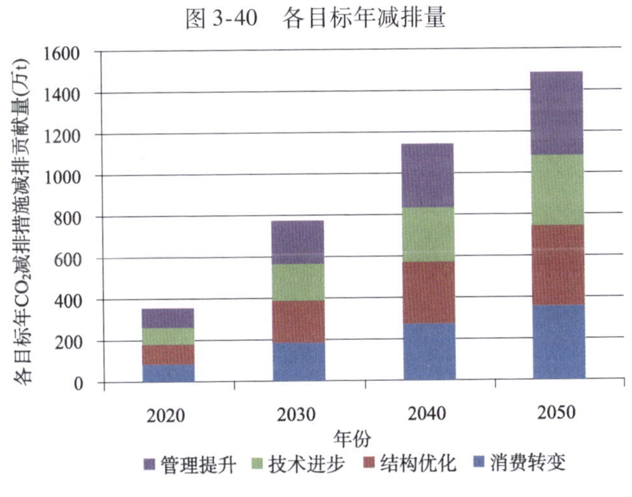

图3-41 目标年各减排措施减排量

(一)结构优化

根据研究,在城市客运的几种交通方式中,以城市轨道交通能源利用效率最高,公共汽电车次之,出租汽车单位客运量能耗和排放最高。在城市轨道交通中,又以地铁单位客运量能源利用效率最高,轻轨次之,有轨电车再次。公共汽电车中，以 BRT 等大中容量车辆单位客运量能源利用效率最高。在本研究情景分析中，2010 年公共汽电车、出租汽车、轨道交通和城市客运轮渡每万人客运量的能耗为 1.64t 标准煤/万人次、3.64t 标准煤/万人次、1.11t 标准煤/万人次和 5.27t 标准煤/万人次；公共汽电车、出租汽车和客运轮渡每万人次客运量的 CO_2 排放分别为 3.34tCO_2/万人次和 7.14tCO_2/万人次。因此，在保证城市客运供给和服务水平的前提下，应该着重发展城市轨道交通，对于人口规模达到足够标准，财政足够支撑轨道交通建设与运营的城市，应优先发展轨道交通，合理制定建设规划，合理布局，建设中同时考虑轨道交通与其他交通方式的接驳和自身扩容。对于规模相对较小，资金相对紧缺或者城市地质地貌不适宜于地铁等轨道交通建设和运营的城市，应优先发展 BRT 或者有轨电车等大容量公共交通；对于轨道交通已经成网，需要其他交通方式予以辅助的情况，也应适当建设 BRT 或有轨电车。达到以地铁、轻轨、BRT 等大中容量公共交通方式为主干、以常规公共交通方式为辅助、以出租汽车等交通方式为补充的目标。保证城市公共交通一体化建设初步完成，城市公共交通的服务能力和服务水平显著提升。以“公共交通+自行车/步行”为主体的公平、便捷、经济、高效、低碳的城市交通体系加以完善。到 2020 年、2030 年、2050 年，大容量交通客运量在城市客运中的比例分别为 20%、30%和 50%。

优化城市客运能源消费结构，推进低碳能源的使用。在已知的各种能源的 CO_2 排放因子中，每千克汽油排放 2.9885kg CO_2，每千克柴油排放 3.163kg CO_2、每千克 CNG 排放 2.1896kg CO_2、每千克 LPG 排放 3.1685kg CO_2。据此应开发和选用温室气体排放较少的替代燃料，替代燃料一般包括：CNG、LPG、生物质燃料，如甲醇、乙醇等，电（蓄电池），氢（燃料电池）。可以 100%采用这些燃料（需要专门发动机），也可以直接在无铅汽油或柴油中掺加最多15%的生物质燃料(不需要改变发动机)。因此需要加快推进清洁能源,尤其是天然气车辆、电动车的应用。对于清洁能源车辆的购买和使用,给予政策和资金上的补助,继续开展节能减排专项资金的补贴。对于清洁能源车辆的相关配套设施如充电桩、加气站等基础设施的建设,给予政策性保障。到2020年、2030年、2050年,清洁能源公交车辆在城市客运行业中的比例分别为22%、35%和60%。

(二)技术进步

车辆技术的进步对节能减排可以起到至关重要的作用。近些年来,车辆的各种性能已经逐步得到了很大提高。因为增压技术、电喷技术、柴油机电子控制共轨、新型材料、混合动力技术等技术的应用,现代的汽车相比于传统内燃机汽车在节约能源、环境保护、成本效益方面都具有明显的比较优势,对其的开发也必定会继续进行。对于纯电动等新能源车辆技术的开发也正在进行。例如燃料电池汽车,虽然是离商业化应用阶段最遥远的技术之一,但是前景相当广阔。技术进步对节能减排所带来的影响将会越来越大,随着时间的推移,技术提升所带来的减排潜力将会越来越重要和明显。因此,应继续给予相应政策和资金的双重支持,大力投入相关资金并拓展相关研究经费的融资渠道,增加车辆节能减排技术的储备,加强车辆关键技术的研究力度,加快相关技术人才的培养。明确我国新能源汽车发展的国家战略和技术路线,以科学和求实的精神制定新能源汽车发展国家战略。要充分调动社会各界的参与积极性,建立由政府主管部门、行业组织、汽车生产及相关行业企业、科研院所等组成的创新合作机制。建立统一的技术标准,完善检测标准与手段。在提升技术水平的同时,还需要加强市场推广,使得相关技术得到实际应用。

就短期而言，特别是2020年前，主要应该以传统汽车节能技术的挖潜来实现节能减排，这也是车辆节能技术发展和应用的提升的过渡时期。因此，短期应该着力推广节能技术在传统车辆上的应用，并设定相应的战略目标，这一时期混合动力、双燃料、电动等车辆在客运企业的占有率相对较低。从技术角度而言，近期对节能车辆的主要研究重点还应该是发动机技术、变速器技术、车身轻量化技术、车辆柴油化技术、生物燃料技术和混合动力技术。燃料电池等技术尚未成熟、成本较高，近期应审慎推广，对此的研发应以技术储备为主。短时期内，节能车辆技术路线的发展相对较为宽泛，因此应结合我国特殊地区的能源富集程度，因地制宜地发展适合当地的车辆技术。

就中长期而言，技术的进步将会对车辆产生革命性的影响，城市客运行业内燃机车辆的比重开始有所压缩，纯电动车辆技术逐步成熟，将会逐步取代内燃机车辆。在中期角度，电动车辆以相对技术较为成熟的蓄电池（离子电池、铅酸电池）车辆为主，在此基础上研究提升电池的能量密度和功率密度，提升电动机效率，同时需要提供充电基础设施的保障。而在长期角度，燃料电池效率更高，更适用于电动车辆，这一阶段应以降低生产成本、简化生产工艺等为主，使其能够尽快适应市场需求。

（三）管理提升

目前，我国城市客运管理部门众多，归属部门包括交通运输、城建、市政、城管、公安等；协调配合难度相对较大，应变能力低。职能、职责交叉明显，易产生内耗，行政效率低下。在2020年前应以转变交通管理方式为主，确定适宜的城市客运交通管理战略。首先确定“大交通”的管理模式即“一城一交”，实现决策、执行、监督的协调，减少管理层，提高管理效率，降低管理成本。实现城市交通发展战略、规划和决策的统一，为城市交通的全面、协调、可持续发展奠定基础。实现各种运输方式管理的协调、统一,整合交通资源,从而实现交通快速反应机制的建立和形成;同时增强交通基础设施的建设、管理、养护等方面的集中统一管理。除了管理结构的统一,在这一时期还应该对能力建设进行提升,提高服务意识,建立健全交通法律法规和指导办法,明确管理职责。加强城市客运的理论基础研究,努力寻求有利于行业发展的交通管理方法。同时增加资金投入,进行群众出行等基础数据的调查与收集,建立预测模型并开发预测软件系统,为城市交通和综合规划提供正确的决策参考数据。利用经济杠杆,限制高排放车辆在城市客运中的使用。通过经济手段增加公共交通的吸引力。

就长期发展来看,伴随着经济发展、城市结构转型,应借此契机将城市客运行业发展与城市土地利用相结合,统筹规划,优化城市功能布局。将城市发展与交通规划进行有机的统一。总体、系统地进行规划建设,并保持灵活性和前瞻性。统筹考虑各功能区的合理配置。对于城市公共交通,应优化线路、场站设计,将航空港、铁路车站、航运码头、长途客运站等与城市客运进行一体化设计,实现有效接驳,各交通方式实现无缝连接,提供高效换乘,有效地分流客流。在建设的同时具有较高的视野和前瞻性,以方便未来场站的扩容、新型技术设备的后续加装。在这段时期,管理上应以提升管理效率为主,除了改进交通管理体制、实现城市交通的一体化管理外,应发展信息化技术,以实现信息化管理,例如保证车载 GPS 等信息终端的上线率达到较高水平,做到对人对车统一的监控、管理、指挥。同时整合交通出行信息资源,建立统一的公众出行信息服务平台,采用多种信息发布方式向公众提供各种交通信息,提升公共交通的信号优先等。

（四）观念转变

对于公众，加强宣传教育，倡导“绿色出行”，开展“公共交通周”、“无车日”等活动，提升公众低碳出行理念。鼓励民众树立节能型交通消费观念，倡导民众选择公共交通，教育引导公众进行出行规划，减少无效出行次数，缩短出行距离。充分利用政府网站、行业报刊、微博等媒体，通过开设专栏等形式加大宣传力度。

对于企业，抛弃粗放的经营模式，积极宣贯节能减排政策，使得企业充分认识到节能减排的重要性、艰巨性和意义。向企业介绍能耗监测与排放体系，帮助企业制定相关制度并在日常工作中加以落实。结合企业实际，帮助企业设立减排目标和减排实施方案，并加以落实。向城市客运基层工作人员推广节能驾驶技术，编制相关教材和操作指南，提供专业培训，提高驾驶员对节能驾驶的理解，并掌握相关技术，在日常工作中形成习惯。

城市交通控制温室气体排放行动方案

第一节　国际经验研究及对中国的启示

一、发达国家城市交通低碳发展经验

(一)美国

1. 减少碳密集型出行活动

减少碳密集型出行活动的战略，旨在引导出行人群转移到更具效率的交通运输工具上去，增加车辆载客率，减少出行需求或其他减少个人出行的行动。这项战略可以减少交通领域温室气体排放量，到2030年可能高达5%～17%；到2050年达到6%～21%。最大的短期效益可能来自定价战略，如“驾驶付费”、“环保驾驶”培训等，鼓励节能的驾驶技术。从长期来看，运输基础设施、土地的利用、减少运输距离以及支持更多更有效的运输方式，可能带来巨大的环境效益。同时，通过提供有利的出行选择和短途出行，这些战略还可以增加就业和其他经济机会。

2. 立法保障联邦政府对公共交通的资金投入

美国1961年颁布的“综合住房法”明确规定联邦政府需对公共交通产业进行支持。1970年，尼克松总统签署“公共交通扶持法”，规定由联邦政府财政提供10亿美元支持“改善城市公共交通系统12年计划”。1973年出台的“高速公路联邦扶持法”将中央政府对公共交通基础设施项目的资助比例由66%提高至80%；高速公路基金可用于通过审批的公共交通项目及农村公共交通示范计划。在1974年能源危机后，国会首次批准对公共交通实施财政拨款和经营性补贴。1998年，克林顿总统签署

《21 世纪交通平衡法》，该法增加了有利于城市公共交通发展的内容，鼓励轨道交通、公共汽车发展和城市低速磁悬浮技术的研发，并保证到 2003 年提供 360 亿美元的公共交通基金，另有 50 亿美元可用于各种拨款。

3. 联邦、地方政府共同承担公共交通发展所需资金

美国公共交通协会将城市公共交通项目分成建设和经营两个阶段。据统计，在建设阶段，最主要的资金来源为政府的财政补助，所占的比例曾经高达 97%，虽然近年来各级政府的财政支持所占的比重逐渐下降，但截至 2007 年仍然占近 70% 的比例，因此各级政府是美国城市交通项目建设中最主要的投融资主体。同时，联邦、州、地方三级政府的出资比例也有所不同，其中联邦政府出资比例最高，1988 年曾高达 65%，近年来稳定在 40% 左右的水平；州政府和地方政府的出资比例相当，且多年来变化不大，平均稳定在 15% 的水平。

政府财政在城市公共交通运营阶段的资金来源中依然占据主体地位，并且出资比例十分稳定，近 20 年来一直保持在 60% 左右的水平，票价及其他收入约占 40%。但是与建设阶段不同的是，联邦、州、地方三级政府各自的出资比例有了较大变化，联邦政府的资金只占不到 10%，而州政府和地方政府的资金则分别占到 25% 和 20% 左右，由此可以看出州政府和地方政府在城市交通运营方面有着更大的财权与事权。

4. 建立公共交通发展专项资金

美国国会在 1956 年通过立法设立“公路信托基金”，规定征收的燃油税全部存入这一基金，专项用于联邦公路计划。1982 年，国会把联邦燃油税从每加仑 4 美分提高到 9 美分，并规定把其中的 1 美分存入新设立的“公共交通账户”，用于发展公共交通。截至 2010 年，每加仑 18.3 美分的联邦燃油税中，有 2.86 美分拨给“公共交通账户”。

据美国公共交通协会统计，美国城市交通基础设施建设阶段所需资金除政府财政外，还存在多种筹资方式，如企业自筹资金、票务收入、广告收入、社会捐赠、基础设施收费、发行债券等。这些多元化的筹资方式20世纪80年代发展迅速，在美国城市交通项目的建设中起着越来越重要的作用。

（二）日本[1]

1. 设定交通碳排放目标

根据日本交通部门的相关统计分析，日本的交通行业的达到碳排放峰值是在2001年，CO_2 排放量为2.68亿t。在各领域内，小汽车的碳排放峰值也是2001年，而货运的碳排放峰值是1996年，其他各领域的碳排放一直以来保持相对平稳，见图4-1。目前，整个交通行业及城市客运的碳排放都保持着平稳下降的态势。

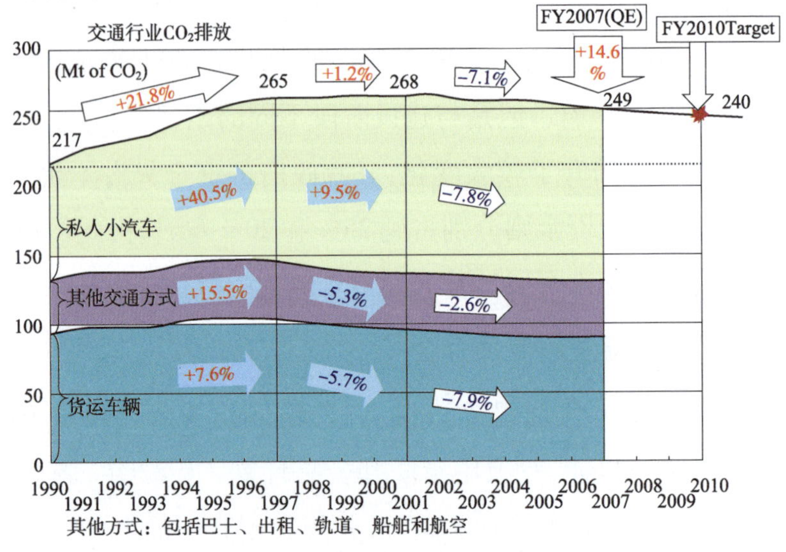

图4-1　日本交通能源碳排放现状与目标

[1] 资料来源：《中国城市交通节能政策研究》(2009)。

为完成日本2050年京都议定书的减排目标，日本国立环境研究所(NIES)联合京都大学等开展了“日本低碳社会(Low Carbon Society，LCS)情景——2050年CO_2排放量缩减70%的可行性研究(基于1990年水平)”。通过使用Aim/endues模型和情景分析的方法，确定了交通部门客运领域的减排潜力：通过合理的土地使用和能效提高技术实现能源需求80%的削减量。识别了客运领域实现减少碳排放的重点领域，明确了四项主要减排途径和减排潜力，图4-2。

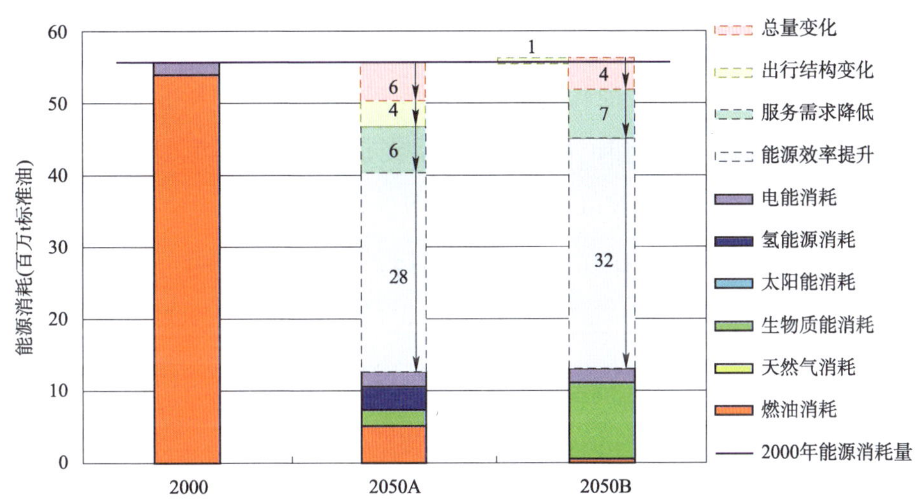

图4-2 日本交通部门客运领域能源需求情境分析

(1)总运输量的变化：随着总人口的下降，运输需求总量也在下降。

(2)运输结构的变化：由于人口安置的变化，运输结构向公共运输转移(例如轻轨、地铁、公交车)。

(3)服务需求的减少：随着城市结构的变化(比如紧凑城市)，平均旅程距离缩短了。

(4)能源效率的提高：交通工具能源效率得到提高(例如混合动力车，车体重量减轻)。到2020年，日本通过大力推广新能源小汽车(包括电动汽车和混合动力汽车)，将实现减少交通行业20%的碳排放。

客运需求减少是由于多方面的原因，包括人口的减少，通过发展紧凑安全城市而使得平均出行距离减少，为了实现专注于易受伤害的道路使用者的城市发展，而推动公共运输的发展以及其他措施。

将减少需求的措施和能效高的交通工具相结合，例如混合动力交通工具或者电动交通工具。朝着低碳方向的燃料变化会减少80%的客运部门的能源需求。

在情景A[1]中，家庭、办公室和购物中心与情景B中相比，更加集中地坐落于城市区域。因此，平均出行距离更短，而且公共交通的形式共享更高。对于集中式土地使用和运输形式的转化，其节能效果分别为6Mtoe和4Mtoe。除此之外，不论情景A或是情景B，不断增加的城市结构密度又可以减少6～7Mtoe的能源消费。

但是，道路运输在2050年仍将是客运部门使用最多的方式。交通工具的技术革新，包括混合动力或电动交通工具的突破、汽车体重量减轻、空气阻力的改进、混合动力发动机装置以及其他相似措施，将会节约28Mtoe的能源需求（针对情景A）或32Mtoe的能源需求（针对情景B）。

2. 鼓励轨道交通的发展

日本政府在制定《第三次全国综合开发计划》时提出，在交通系统的策划和组织过程中，应该首先考虑轨道交通的规划发展要求，然后再综合布置高速道路和其他交通方式，依靠快速轨道交通干线把大城市及其影响地区组合成为一种多中心的城市结构体系。东京圈1990年拥有轨道交通线路长度约2000km（其中52%是私人铁路），高密度的轨道网络使得人们能够很方便地从居住地到东京市中心，都市圈内25%的非工作

[1] 土地的混合利用和合理的建设密度可有效减少出行。日本交通部门能源需求情景分析中设定了A、B 2个情景。

出行是由轨道交通承担的,工作出行的46%由轨道交通完成,中心区(23个区内)57%的工作出行由轨道交通承担,实现了以公共交通特别是轨道交通为主的城市交通发展战略目标。

3. 加强立体换乘

东京市政府采取了开发副中心的对策,增加火车和地铁站周围的居住人口和就业岗位,努力将城市向心聚集的结构调整为多中心结构。特别是在一些铁路环线附近建立多个中心,形成多中心结构,目前已经有一些火车站形成了商业中心。

通过合理的用地和交通组织,将轨道交通、地面公交、汽车停车、自行车停车和商店布局高效地组织在一起,缩短了乘客的换乘时间,既方便了乘客也促进了物业的开发。通过换乘枢纽的建设,提高了交通的组织水平,保证了城市交通安全。另外,东京圈从20世纪70年代开始,还积极发展新的城市交通方式和提出新的规划理念。例如步行街、公共交通购物街、空中步行走廊等。

4. 建立科学的公交票价体系

日本政府通过不断丰富公共交通的票价体系,使市民能得到不同程度的优惠来鼓励市民出行乘坐公共交通。以名古屋为例,市民购买磁卡普通票,用1000日元购票可以得到面额1100日元的地铁票,2000日元可以得到面额2200日元的地铁票。购买工作日“一日票”需要850日元,休息日票价600日元(可以乘坐地铁和公交车)。乘客在公共交通之间的换乘在票价上一般也有约10%的优惠。学生乘坐公共交通采用月票制5000日元/月。

5. 激励性的财政税收优惠政策

日本政府对于节能环保汽车的优惠额度见表4-1。日本自2001年起开始实施汽车绿色税制促进减排，截止到2005年累计涉及以上税收减免的对象车辆1017万辆。

日本对节能环保汽车税减免表　　表4-1

汽车税(29500～111000日元/年)		
绿色税务计划(2004年和2005年)		
燃料经济性	排放水平	税费减免
超过2010燃料经济性限值的5%	★★★★	减免50%
超过2010燃料经济性限值的5%	★★★	减免25%
达到2010燃料经济性限值	★★★★	减免25%

注:1.数据来源,国外道路运输行业节能管理经验,交通节能与环保,2008。
2.★越多,排放水平越好。下同。

针对高燃效经济型汽车，日本政府在汽车购置税方面采取了减免措施：减免对象包括报废高能耗、高污染柴油车，以及更换为符合最新排放标准的新车辆。日本的车购税一般是销售价的5%，但是针对此类汽车，结合不同的排放水平，有一定程度的减免，见表4-2。

日本对节能环保购置税减免表　　表4-2

针对高燃料经济性汽车的特殊计划(2004年和2005年)		
燃料经济性	排放水平	税费减免
超过2010燃料经济性限值的5%	★★★★	减300000日元
超过2010燃料经济性限值的5%	★★★	减200000日元
达到2010燃料经济性限值	★★★★	减200000日元

注:数据来源,国外道路运输行业节能管理经验,交通节能与环保,2008。

另外，对电动车（包括燃料电池）、甲醇、压缩天然气和混合动力车（货车、公共汽车）购置税费减轻2.7%，对混合动力车（客车）购置税费减轻2.2%等。

6. 制订清洁能源车辆计划

日本大约在20世纪70年代前就制订并开始实施清洁能源车辆计划。2001年日本通商产业省对1997年的计划做了扩充，增加了纯电动、混合动力、燃料电池、压缩天然气以及液化石油气汽车的推广计划，并提出了2010年远景目标：至2010年，纯电动车、燃料电池和混合动力汽车、压缩天然气汽车和液化石油气汽车将分别占清洁能源车辆的3%、61%、29%和7%。在《京都议定书》的框架下，日本为了实现2008—2012年的碳减排目标，也将混合电动车考虑在内。

7. 限制公车数量

在日本，各部门内部用车主要分为两类：一类是领导专用车，另一类是公用车。日本政府严格限制专用车数量，如总务省2000多名工作人员，拥有52辆公务车，其中24辆是领导专车，另外28辆是公用车。通常，包车和租车占公务用车较大的比例。政府机构也不开班车接送工作人员上下班，鼓励职工乘坐公共交通工具，并给予一定的交通补贴。

8. 减少小汽车的通勤出行

现在日本越来越多的人放弃购买小汽车而转用效率更高、更加快捷的高速列车和公共交通，根据日本国土交通省2011年白皮书显示，小汽车的出行分担率已持续多年下降。20世纪90年代末期，日本的经济不景气，汽油的价格不断提高，使人们逐渐减少使用小汽车，同时停车费用不断提高，小汽车使用效率降低以及新的出行理念导致日本小汽车销售量和出行比例逐年降低，除了小排量汽车外，其他类型车辆销售业绩均出现明显下滑。私人小汽车的吸引力大大减小。与此同时，日本高覆盖、高效、准时的公共交通系统为生活节奏较快的上班族提供了重要的通勤出行保障。

（三）欧盟

1. 加强对交通规划的管理和控制

欧盟交通委员会在《面向可持续的城市交通政策》中提出：地方政府

必须严格制定城市交通规划，以提高交通的安全性、可持续性和城市综合竞争力，从而提高人民的生活质量。

欧盟的综合交通规划充分考虑了交通需求产生的原因，有效地促进了交通规划与土地利用之间的协调兼容，并制定了一体化的交通规划，将其作为城市发展战略规划的一部分。

2. 对公交配套设施建设给予财政补贴

20 世纪 80 年代以来，欧洲很多城市都确定了优先发展公共交通的政策，城市公共交通作为社会公益性事业，实行低票价政策，运用公共财政补偿公交运营成本，使企业也可以获得合理的投资回报。调查资料显示，1987—1991 年，欧洲各国很多城市政府对购置公交车辆和公交专用道的修建都给予了巨额的财政补贴。其中，北欧和南欧国家公交企业享受 10% ~30% 的财政补贴；享受财政补贴在 50% 以上的则有德国柏林、法国巴黎、意大利罗马、俄罗斯莫斯科等(图 4-3)；荷兰、冰岛、西班牙部分城市，法国巴黎和英国伦敦，购买公交车辆享受 100% 的国家财政补贴，欧洲国家平均补贴比例为 41% 。在 1992—1996 年，各国政府对购买公交汽车的补贴比例为 38% 。

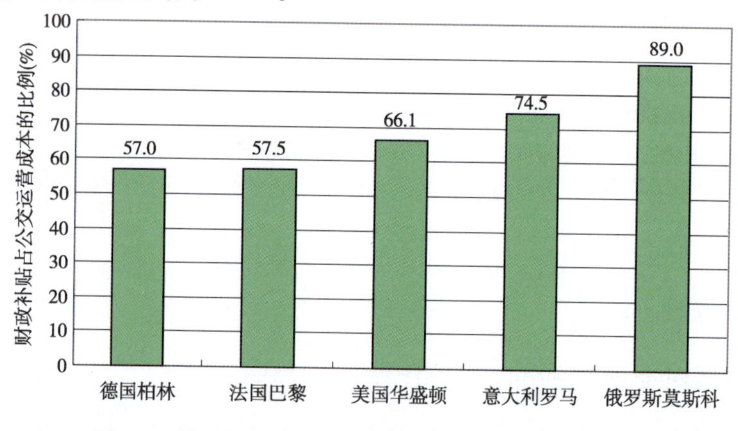

图 4-3 世界各大城市财政补贴占公交运营成本的比例

由于轨道交通具有快速、大运量及污染轻等特点，欧洲各国普遍比较重视轨道交通的建设，对轨道交通的补贴比例较大，德国、奥地利和瑞士修建轨道交通享受50%的财政补贴。对于购置轨道交通车辆，1987—1991年各国政府的平均补贴比例为23%，部分国家的补贴比例超过40%。

3. 计划建设自行车高速公路

在欧洲，机动车增多给空间、环境以及安全带来的问题日益突出，欧洲一些发达国家的政府在改善公共交通的同时，还大力倡导骑自行车，一个新的普及自行车交通的热潮正在开始。2002年以来，欧洲有11个国家拨款兴建自行车专用车道。瑞士是世界上最富有的国家，汽车普及率很高。但在2010年这个小国境内已有9条自行车公路，全长达3300公里。此外，德国、法国、荷兰、瑞士等国家还计划建造自行车高速公路。

自行车出行需求的增长，使欧洲人逐渐希望在城市内部建设完整的自行车路网。在欧洲的许多城市，均建设了层次分明的三级道路：城市道路、地区道路、邻里之间的道路。其效果是双重的，近期基础设施的建设，提高了自行车的使用率和骑车人的安全系数；远期自行车使用的增长，避免了小汽车交通的单一发展，有利于节约能源、环境保护。

（四）英国

1. 制定低碳交通发展战略和情景分析

英国是“低碳经济”的发源地，非常重视低碳发展工作，这也包括英国交通部门。2009年7月，英国交通运输部发布了《低碳交通运输：创建更绿色的未来》，这是全球首个正式对外发布的交通行业的低碳发展战略，明确了英国低碳交通发展的目标、必要性和实现途径，并开展了战略实施前后的影响对比分析，见图4-4、图4-5。

将两种情景进行对比，倘若不考虑本战略所产生的影响，只按现有的政策规定，预计交通 CO_2 排放量能比 2020 年原本可能的排放量降低 1500 万 t 左右。制定本战略并认真实施以后，到 2020 年预计能减少约 11000 万 t 的 CO_2 排放量，2020 年这一年将减少 1770 万 t 的 CO_2 排放量。

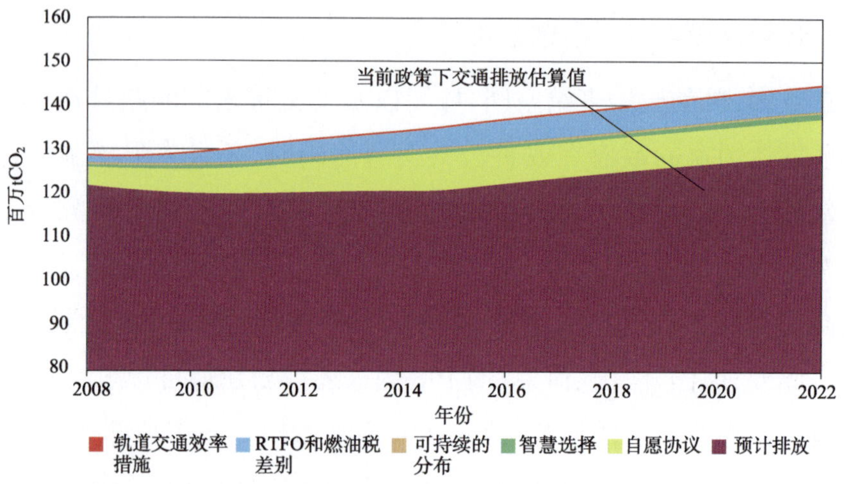

图 4-4　不实施低碳发展战略的交通碳排放

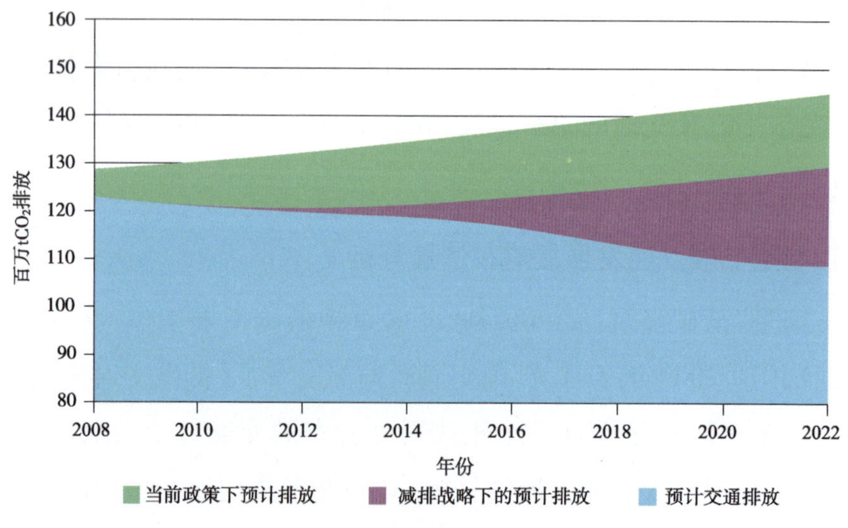

图 4-5　实施低碳发展战略后的交通碳排放

2. 设置交通低排放区

伦敦交通"低排放区"通过限制最具污染性的柴油发动机货车、公共汽车、长途客车、小公共及大型有篷货车在城市中行驶来减少交通污染，从而改善在伦敦居住、工作和来访者的健康，特别是那些患呼吸系统或心血管疾病使日常生活受限制的人。

伦敦低排放区于 2008 年 2 月 4 日起实施。"低排放区"政策从管制时间、覆盖地域、管制对象、运作流程、排放标准与进度安排、收费金额以及付费方式、折扣与豁免、处罚规定、应对措施十个方面规定了其进入该区域车辆的一系列政策要求。

3. 征收交通拥堵费

为减轻交通拥堵、改善公交服务、缩短城区通行时间并保证交通安全，2003 年，伦敦开始实行交通拥堵收费政策，该政策也被国际上认为是向道路使用者收费的最佳实践之一。最初，伦敦实施该政策的区域仅覆盖了 22 平方公里的范围，东边以伦敦内环路为界。该政策的具体规定是：执行时间为周一至周五，每天从 7:00 至 18:00。在这个时间范围内，如果是非免除限制的车辆（免除限制的车辆包括伤残驾驶者驾驶的车辆、生活在限制区域的居民驾驶车辆、替代燃料车辆等）进入限制区域，其注册人就必须支付 10 英镑的费用。有证据表明，有关免除限制车辆的规定提高了混合动力汽车的销售量。这种规定也使得在限制区域内 CO_2 的排放量降低了约 16.4%。据评估，2008 年，该政策已使交通拥挤状况比 2002 年减轻了 26%，同时提高了城市公交的利用率和效力。在交通拥挤收费政策实施之初，伦敦新增了 300 辆新的公交车辆，同时公共交通基础设施也在不断地得到改善。在 2005 年和 2006 年，通过该政策的执行，筹集到了 1.22 亿英镑的净收益资金，这些资金被重新投入到公共交通部门使用。

4. 编制区域出行规划

英国政府鼓励绿色出行规划，要求地方政府与各个推动绿色出行规划的组织联合推进出行规划。威尔士首府卡迪夫就向该市的各个组织提供绿色出行规划方面的支持。政府出台了一系列出行规划政策，颁布了出行规划指南，并开展了一系列宣传和调研活动。首先，政府从自身做起，要求政府公务员在工作日进行出行规划，采用绿色交通方式上下班，发挥了良好的示范作用。与此同时，引导当地企业、学校、居民社区以及游客等进行出行规划，鼓励公众在出行前做好规划，选择最为绿色和适合自己出行的交通方式。

此举提高了卡迪夫市的交通效率，改善了交通可达性，同时促进了绿色交通方式（步行、自行车、公共交通以及小汽车合乘）的使用，减少了小汽车的使用量。出行规划也使当地企业和组织减少了碳排放，降低了对环境的不良影响，同时节省了成本。

5. 鼓励自行车出行

2010 年 7 月 30 日，伦敦推出了“巴克莱自行车租赁”（Barclays Cycle Hire）项目，目标是在中心城区建立一个 6000 辆规模的公共自行车租赁系统，使用者可在站点自助完成租还车辆业务。

配合公共自行车租赁项目的推广，伦敦还新划定以及改造了多条自行车道，同时在居民区、商业区、办公区新建设了自行车停车设施。

为了方便居住在外伦敦的通勤者每日进出中心城区，伦敦市还推出了“巴克莱自行车快速通道”（Barclays Cycle Superhighways），车道平均宽度不小于 1.5m，在路口处仍保持连续，并在路口处有加宽和停车线提前的改造。车道均为蓝色，便于识别。自行车快速通道 CS3 和 CS7 已于 2010 年建成、CS2 和 CS8 已于 2011 年建成、2015 年之前还将有 8 条建成。

为了使市民更好地利用先进的自行车交通设施，伦敦还进行了一系列的宣传教育活动，包括自行车绿色出行宣传活动、自行车骑行培训以及自行车出行安全教育等。

6. 财税优惠政策鼓励节能环保车使用

如英国是欧洲倡导推行可持续发展尤其是推行节能减排的引领者，是第一个用法律手段具体规定减排量的国家。政府主要通过对绿色车辆和传统车辆采取不同的购买和使用税费政策来促进节约能源、减少 CO_2 排放。

2001 年，英国交通部改进了车辆税收体系，主要分为家庭用车和公司车辆。家庭用车的车辆税按碳的排放量和燃料类型划分为 6 个级别，AAA 级别最高，车辆税最低。燃油经济性好、低碳排放车辆的车辆税比其他车辆低很多。例如，在最低排放级别，使用替代燃料的车辆税是 55 英镑，而在最高排放级别，车辆税是 165 英镑，见表 4-3。

小汽车车辆税（英镑） 表 4-3

级别	AAA	AA	A	B	C	D
碳排放量（g/km）	≤100	100～120	120～150	151～165	166～185	＞185
替代燃料车	55	55	95	115	135	155
汽油车	65	75	105	125	145	160
柴油车	75	85	115	135	155	165

注：数据来源，国外道路运输行业节能管理经验，交通节能与环保，2008。

公司车辆的车辆税按照车辆价格的百分比进行收费。对于清洁燃料车，如电动车、双燃料车、液化石油气车或液化天然气车，给予一定的优惠。需要说明的是，该税由驾驶车辆的雇员交纳，并不是公司承担。

除了税收，政府还为购买清洁燃料车辆的消费者和对现有车辆进行改造、降低排放的消费者提供补贴。补贴方式，采取定额补贴，按照车的重量类别、所选的减排装置分为很多类，但最高不超过发票价格的 75%。

另外,英国在政府用车方面,实施财税减免等政策,鼓励公司购买和使用清洁省油的车辆。

7. 推进出租汽车运营信息化,减少空驶率

分区运营、智能化管理。如为了加强管理,伦敦交通管理当局把伦敦划分为16个区域,并把徽章持有者分为绿、黄两种颜色。持绿徽章者,可以去伦敦区域内的任何地点载客;持黄徽章者则可在限的范围内活动。遇到跨区乘客,驾驶员才可将乘客从本区域载到外区,反之则不行。这样的规定可大大避免抢拉生意或出租汽车分而不均的现象。

作为伦敦的传统行业之一,出租汽车管理也逐渐采用现代化的手段,在出租汽车调度中心安装智能化的调度系统,若乘客需要使用出租汽车,一个电话打到这里,调度中心的电脑屏上便会显示出乘客所在区域出租汽车有关情况。然后调度员通过对讲机与该区域内的出租汽车联系,一般在几分钟内可到达乘客的指定地点。

(五)德国

1. 加大对城市公共交通的扶持力度

为改善地区交通状况,德国政府提供了大量的财政资助,财政拨款的一半用于资助发展公共交通,如修建轨道交通可得到联邦50%的财政补贴;各城市在道路建设和轨道交通建设方面,均能得到联邦、州的投资补助,一般补助资金为投资额的75%,有的项目甚至补助90%以上。其资金来源是燃油税,即向石油购买者征收10%的税金。德国政府减征50%的公共交通企业销售税(增值税)和完全免收公共交通的车辆税,另外还减收公共汽车的用油税。

2. 设立“交通环保区”

德国为了减少空气中由汽车尾气所带来的粉尘及其他有害物质的

污染，改善居民的居住环境，自2008年1月1日开始，柏林、汉诺威和科隆三大城市率先设立了“环保区”(Umweltzone)。所谓环保区，指的是在受汽车尾气污染比较严重的城市里所设立的特定区域。尾气排放达到一定标准的汽车可获得相应环保标识。只有那些贴有环保部门所颁发的红、黄、绿环保标志的汽车才能在环保区内行驶。

3. 根据排放水平征收汽车税

德国从2009年开始，推出了新的汽车税征收标准，即对新型汽车按照 CO_2 排放量的多少征收。达到欧5或欧6排放标准的新车都将豁免两年的汽车税，而符合欧4排放标准的新车可以获得一年的免税优惠，从2013年开始，所有汽车都会按照 CO_2 排放量的多少征税。

4. 定点载客，成立叫车服务中心

德国的出租汽车在公共交通体系中处于相对次要的地位，主要发挥补充作用。但德国社会各界普遍认为，出租汽车是唯一能提供“从门到门”服务的公共交通工具，对方便居民出行起着不可或缺的作用，而且出租汽车发挥着外人了解德国和树立德国国际形象的重要“窗口”作用。因此，政府比较重视出租汽车业的发展和管理。

德国的出租汽车经营模式为站点等候，出租汽车站点布局合理、标志明显。每个城市都有若干家独立经营的出租汽车叫车服务中心，出租汽车公司与其签署合作协议承诺支付一定费用之后，其下属的出租汽车和叫车服务中心建立无线电联络，有些车还配有卫星定位系统。顾客通常通过电话和网络向叫车服务中心订车，服务中心在接到订单后立即根据手头掌握的情况，指派距顾客要求最近的出租汽车出车，方便快捷且不额外收费。一般民众搭车都会通过电话叫车，几分钟之内就会有车前来，而且无需另外支付费用。德国80%的出租汽车从属于全国500家较大型的出租汽车叫车服务中心。通过这种松散的结构,既将相互独立的出租汽车组织成高效运转的服务网络,同时又避免了出租汽车公司规模扩大导致管理成本增加的弊病。

(六)法国

1. 完善公共交通的税收激励政策

法国采用了多种来源的交通投融资方式(图4-6)。其中就有实行公共交通税政策。如巴黎依据法国公共交通法建立的公共交通税(1971年开始实施)规定,9人以上企业需按工资总额提取1.2%~2%的公共交通税,每年征收的公共交通税约占公交总投资的40%,从而保证公共交通发展有可靠的资金来源。巴黎市区交通税率为2.4%,交通税征收后,由巴黎交通管理委员会每月分配给公交总公司、国铁等交通企业。交通税是巴黎公交总公司弥补亏损的重要来源。交通税是城市公共交通资金的重要来源,在省级政府的财政预算中约占1/3。全国征收的交通税中有41%用于省的公共交通投资,28%用于巴黎的公共交通投资。如果交通税所得资金不能满足需求的话,则由地方政府从自己的财政预算中安排。

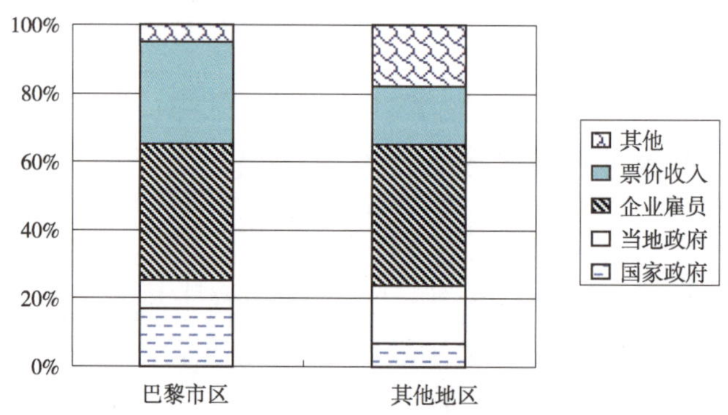

图4-6　巴黎大区城市交通的投融资结构及比例

(数据来源:GART-Mémento 2000 des transports publics)

2. 严格限制公务车排量

法国是一个汽车工业比较发达的国家，但是法国政府规定，购车预算由政府各部委和国有企事业单位在制定各自的年度预算时提出，由有各省代表参加的“国有汽车购置委员会”进行审核；预算批准后，由代表国家的“国家购置集团联合会”统一从市场上购买。然后专卖给使用单位。避免车辆的多头采购可能带来的混乱局面。政府严格规定，个人使用的公务车的发动机排量不得超过 1.4 升，一切超标要求都应该向政府总理提出。显而易见，这种对汽车排量的限制客观上就能够实现降低单车油耗的目标。

3. 开展大规模的公共自行车租赁行动

巴黎市政府将公共自行车命名为 Velib，Velib 试图告诉人们的信息是：骑自行车为荣。2015 年，巴黎市 2 万多辆自行车，1800 个自行车站，完全依靠智能柱管理自行车存放服务。

车站 24h 开放，每隔 300m 就有一个车站。租车票可以按天买，也可以包周和包年。租赁前半个小时是免费的，之后的费用会越来越贵，因为设立公共自行车的意图是方便市民以自行车代步，减少汽车对城市的污染，而不是鼓励用户长时间占用自行车不放。包年的费用是 29 欧元，加上 150 欧元的押金，如果自行车在 24h 之内没有被还到任何一个车站，相关费用将从 150 欧元押金中将自动扣除。此外，自行车在租赁时被盗或损坏，要由使用者赔偿。

Velib 系统由法国德高集团 JCDecaux 资助，巴黎政府并没有任何的投入资金，而 Velib 这个耗资 5000 万欧元，但是巴黎公共自行车每年可以给 JCDecaux 带来 6000 万欧元的广告收入。

(七)新加坡

1. 实施小汽车配额制度

为把小汽车增长控制在合理范围内,新加坡政府通过实施小汽车配额制度等一系列政策来控制小汽车保有量的增长速度。自20世纪80年代以来,新加坡政府引入了车辆配额系统,注册新车必须首先竞标拥车证。实施车辆配额系统以来,车辆平均年增长率由原来的7%降至3%,直至2008年。由于庞大的车辆数量以及未来道路建设规划的减少,从2009年起,车辆年增长率进一步限定在1.5%之内。这些措施的实行,使新加坡人虽然是亚洲人均收入最高的国家之一,但能够拥有小汽车的家庭比例却不足30%,起到了很好的引导出行作用。

2. 征收"交通拥堵费"

早在1975年,新加坡就开始实行区域通行证制度(ALS),设置一个近7.2km^{2}的控制区作为收费区域,在早高峰时段(7:30-9:30),除了公共车辆、高载客率的小汽车外(含驾驶员3人),进入收费区的车辆必须出示区域通行证。当时的通行证每天需要3新加坡元(一个月60新加坡元,1新加坡元约合4.6元人民币)。在其他一些措施的配合下,ALS的效果非常明显,高峰小时交通量下降了45%(其中,70%以上的为单独驾车),平均车速从18km/h增加到35km/h。使用公交上班的出行增加了近50%,达到上班总出行的46%,汽车合乘比例也大大提高。1994年初,区域通行证制度改为全天内实行。

1998年9月,新加坡政府开始采用道路电子收费系统(ERP)。该系统采用主动式收费原理,由车载装置、限制区入口处检查设备、中央计算机系统三大部分组成。当车辆通过顶上装有感应器的收费门进入可能拥堵的地区时,费用将被自动扣除,扣除的金额根据交通拥堵程度以及时间地点而定。由于进入城市中心区域要收取拥堵费，加之停车位比较紧张，许多新加坡人放弃了自驾车上班，改乘公共交通工具，进入中心区的车流量有所减少。数据显示：实施 ERP 之后，在高峰时段进入城市中心区的车辆减少了 44.5%。

3. 重视规划协调和控制

20 世纪 60 年代后期，新加坡就开始进行土地利用与交通的长远规划。新加坡采取了“城市组团”和“混合开发”的发展模式，有效地减少了城市的交通出行总量，并将为公众提供方便快捷的交通服务放在首位。严格按照法定的规划程序进行土地开发，有效保障了土地利用与交通运输、环境保护等的协调发展。

4. 牌照费制度限制小汽车购买

新加坡政府采取了一系列措施来制约汽车的发展，尤其是严格限制私家车的发展，实行“拥车证”制度就是一项最重要的交通政策。

为了对车辆实行定额分配，把车辆增加的数目控制在可以承受的水平上，新加坡推出了特有的“拥车证”制度。根据这项制度，想要购买新车的人（公共汽车、校车、特种车辆不受此限制）必须首先向政府提出申请，投标购买一张有效期为 10 年的“拥车证”，才能到车行买车，然后注册车辆。而“有车无证”，是绝对不可以上路的。10 年期满之后，驾车者无论是继续用车还是另购新车，都必须支付另一笔费用。

“拥车证”的价格依照市场供求关系的变化而上下浮动，其配额则是在综合考虑上一年汽车的总数、每年的固定增加额度、报废汽车的数量等多种因素的基础上计算出来的，与此同时，也会结合实际情况做出进一步的调整。每个月，交管部门会发出一定比例（平均不超过 3%）的“拥车证”，在社会上公开标售。因为数量十分有限，而想买车的人又多，所以标价一直在上涨。截至2014年中小型汽车(A组)拥车证,每张“拥车证”至少需7万多新加坡元,有的车型甚至高达10万新元。“拥车证”价格的上升使人们深感“买车难,养车也难”,许多人因此而放弃了购车的想法,有效抑制了新加坡私家车的快速增长。

5. 严格的收费管理措施抑制出行需求

新加坡采用了严格的收费管理措施,政府规定:不论公营私营停车设施,采用费率均不低于颁布之标准。新加坡的停车费率根据停车区位不同、时段不同、停车时间长短不同而有所差异。中心区、商业区的停车收费高于其他地区;不同时间段的收费标准也有一定区别,在高峰时间里,收费较高,而其他时间的收费则会递减,周末或节假日的收费很低,且不论停放时间长短,收费都是一个标准。此外,新加坡的收费方式日益现代化,许多停车场目前已经基本上废弃了人工收费的方式,而是使用高智能化的通用收费方式。

新加坡政府所采取的多重措施使开车出行成为奢侈,人们不得不改乘公共交通。而舒适、便捷和价格低廉的公共交通可以满足每一个新加坡人的交通需求。严格的停车收费管理,再加上“拥车证”制度、区域通行许可、强大的公交网络,使新加坡的城市交通一直处于可持续发展的良好状态。

6. 严格实行“公车公用”

新加坡对一定级别以上的公务员给予一次性购车补贴和发放汽车消费补贴;对普通公务员只给予交通补贴,一并计入工资。但对国家、政府领导人和部长等高级官员仍配备专用公车。只给总统、总理和资政三人配备专车和驾驶员,供他们上下班及公私出行使用;其他高级官员包括副总理、部长上下班和处理家庭私事均用私车,外出参加公务活动才乘坐政府配备的专车,由政府雇佣的驾驶员接送。国家用于接待高级代表团的礼宾车队,也采用临时租用。

二、发展中国家城市交通低碳发展经验

(一) 印度

加大对发展城市公共交通的资金的扶持力度,印度政府建立了总额为110亿美元的国家专项基金,用于BRT和城市公共交通项目。目前,该项基金已开始支持部分城市建设BRT系统。

(二) 巴西

1. 提高城市公共交通系统的覆盖密度

巴西城市库里蒂巴(被誉为巴西最清洁的城市)在提高城市公共交通覆盖密度方面可谓全球的典范。库里蒂巴面积430km^2,市区人口180万人,26个卫星城,人口70万人,市内平均1.6人拥有一辆私人小汽车,人均拥有汽车量居巴西城市第二位。为减少汽车污染,方便市民出行,该市政府规划建立了快捷的城市公交系统,使公共交通覆盖了整个市区及邻近的城镇。这些快速公交车都有自己的专用车道,快速公交车时速能达到80~90km。库里蒂巴的快速公交车有个“半小时”承诺,即不管在这个城市的什么地方,保证半小时内就能到达最远的目的地。该市车站布点密集,在市内任何一个地方,步行5min就可以找到最近的车站,3/4市民出行选择乘坐公交车。和巴西其他城市人均使用燃油量相比,库里蒂巴节约了3/4的燃料。

2. 加大城市公共交通的扶持力度

巴西政府计划在2012—2016年投入约65亿美元,用于改善公共交

通系统。其中,联邦政府投入43亿美元,州和地方政府投入21.5亿美元,主要用于BRT系统的基础设施建设与改善。

三、国外城市交通温室气体减排策略及启示

(一)技术层面减排措施分析

更高的燃油经济性标准、"领跑者"制度等措施及效果分析如下:

1. 实施更高的燃油经济性标准

美国实施的CAFÉ标准,发挥了很好的节能减排作用。通过对此项标准进行的效果评估,前十年的实施效果十分明显,小汽车的燃油经济性由1975年的15英里/加仑上升到了1989年的28英里/加仑,城市小汽车的燃油效率大幅提升。

近年来的实施效果有所减弱,主要原因包括:

(1)自1985年以来该标准始终没有修订过。

(2)该标准不适用于2006年之前的轻型货车和SUV车辆。

(3)汽车生产商由于研发替代燃油车辆而获得CAFÉ信用,它的减排任务可以大幅缩减。

(4)处罚违规行为的力度相对较轻。

2. 日本的"领跑者"制度(Top Runner)

根据"领跑者"制度,日本确定了2010年小汽车燃料经济性限值,采用全日本1995年各质量段的实际燃料经济性值分布曲线中最佳的5%的平均值,作为该质量段2010年的限值,迫使所有汽车生产厂家不断提高汽车燃油经济性和技术水平,鼓励和激发汽车企业不断创新的内在动力。对于未达标的制造商,则采取警告、公告、命令、罚款等措施。领跑者标准实施之后,日本小汽车能效2006年度比1996年度提高了

22.8%，见表4-4。

日本 Top Runner 计划对城市交通能耗的改善　　表4-4

产品类别	实际能源效率改善	预期能源效率改善
小汽车	22.8% (FY1996－FY2006)	22.8% (FY1995－FY2010)
柴油车	21.7% (FY1995－FY2006)	6.5% (FY1995－FY2010)

（二）政策层面减排措施分析

优先发展公共交通、汽车合乘政策、高乘用率专用车道、拥堵收费政策、发展慢行交通政策等措施及效果分析如下：

1. 优先发展公共交通措施及效果分析

斯德哥尔摩实施的免费公共交通系统的建模结果显示，到2030年该城市的年碳排放量将能够实现减少4%。

欧盟委员会在雅典实施的“车—油Ⅱ建模”项目评估了一项通过降低公交票价30%的政策的影响，该项政策可以实现使全市的交通系统年碳排放减少1%，尽管实现节能要求的时间段没有明确。

根据国际能源署（International Energy Agency，简称IEA，2001年）的研究，如果国家政府提供（或增加）对所有城市的公交补贴，并允许公交票价降低30%，而且该项政策可以影响全国一半左右的城市，则全国的年碳排放量将在2010年减少0.5%。

通过对1999年芬兰赫尔辛基实施的公交信号优先项目的评估表明，每年的燃料消耗将减少5%以上。

如果实施公交票价调整以及基础设施/服务的功能改变，所有国际能源署区域的道路交通燃油消耗能减少4%以上。

美国通过实施以节点改善措施来提高公交频率，评估显示，该措施能够减少 0.5% ~1% 的每日的车行驶里程(VMT)。轻轨的每日行驶里程也可以减少约 2%。轻轨系统项目的实施,实现了乘客从小汽车出行持续向公共交通出行转变。在英国,18% ~25% 的轻轨乘客曾经都是小汽车使用者。

2. 汽车合乘政策及效果分析

英国 Lifeshare 公司是一个专业的汽车租赁公司,2004 年,该公司对自己的业务进行评估,通过实行汽车共享,估计每年能够减少 180 万英里的小汽车出行。

在美国,汽车共乘计划能够减少 8.3% 的通勤出行里程,占区域总出行的 3.6%,以及区域机动车出行的 1.8%。

第 XV 条例——洛杉矶的空气污染控制要求雇主制定和实施减少出行的计划,以达到指定的汽车共乘目标以减少通勤出行量。在第一年(1998 年),独自开车上班的职工比例从 75.7% 下降到了 70.9%。最大的方式转变就是向汽车共乘转变。

欧洲资助的城市可持续出行服务(MOSES)项目对欧洲多个城市的汽车俱乐部进行了评估,并得出结论:汽车俱乐部计划能够减少小汽车使用并使出行模式向更多使用环境友好型交通方式转变。MOSES 项目 2005 年的报告指出,在加入汽车俱乐部之后,比利时的小汽车行驶里程下降了 28%,而不来梅的小汽车行驶里程下降了 45%。

3. 高乘用率专用车道

在美国,HOV(高载量交通车道)能够在特定的路段上减少 4% ~30% 的机动车出行量,HOV 可以在个别的车道上减少高峰期 2% ~10% 的机动车出行,而且在 HOV 车道与普通车道分隔的公路上这一比例能够达到 30%。

一项研究估计，HOV 车道能够减少美国一个区域内 0.6% 的机动车出行。另一项研究估计，在斯德哥尔摩设置允许 3 名乘客以上车辆行驶的 HOV 车道的碳减排效果，预测显示碳减排量为 3000t，或约等于该市 1995 年排放水平 110 万 t 碳的 0.3%。

4. 拥堵收费政策

伦敦和斯德哥尔摩拥堵收费在实施的第一年使得收费区域内的交通碳排放比实施前降低了 14% ~16%。在伦敦，交通流量降低了 15%，使交通排放降低了 8%，其中车速的变化减少了 7.3% 的排放，而机动车保有量的变化减少了 0.7% 的排放。伦敦交通量的减少中 50% ~60% 转向了公共交通，20% ~30% 转向了拥堵收费区域之外，其他部分转向了汽车共乘、减少出行、在收费系统运行时间之外出行以及更多使用摩托车和自行车出行。

从伦敦交通局 2000 年成立以来，共有 5% 的小汽车出行转向了公共交通、步行以及自行车出行，每天减少 50 万次的小汽车出行，估计每年减少了碳排放 21 万 t。

5. 发展慢行交通政策

在一个典型的英国城市区域内，通过规划自行车道，5% ~10% 的小汽车出行被合理转移到慢行交通出行上。同时，如果将 5% 的小汽车出行转移到慢行交通方式中，可以减少的总车辆行驶里程只有 2%，因为都是短途旅行，而排放却可能下降 4% ~8%（短途车辆运行效率较低，是由于运行中大部分时候发动机温度较低，点火效率低，从而导致转速高，能耗高、排放大）。

英格兰若增加 50% 步行的比例或增加 10 倍自行车比例的变化每年可以减少近 200 万 t 碳排放，相当于 733 万 t CO_2。

四、对我国城市交通低碳发展的启示

(一)推动建立高密度、紧凑型的城市发展模式

紧凑型城市是西方规划学者针对城市可持续发展问题而提出的一种城市空间规划模式。这种模式可以有效减少出行距离,大大降低对机动交通,特别是私人汽车的依赖度,增加慢行交通的出行比例,这一切将导致能耗大户——城市交通的能耗量和碳排放量显著降低,实现城市低碳发展的要求。我国人口众多,土地资源有限,紧凑型城市建设对我国城市规划和低碳交通发展具有非常重大的借鉴意义。

1. 城市建设规划应与交通规划融为一体,强调土地的混合利用

目前,我国城市发展的七种类型包括集中块状结构类城市(沈阳、北京、石家庄、无锡)、连片放射状结构类城市(盐城、南昌、柳州、合肥)、连片带状结构类城市(兰州、青岛、深圳和洛阳)、带卫星城的大城市(上海、南京)、一城多镇结构类城市(个旧、重庆、南通)、双城结构类城市(湛江、包头)、分散型结构类城市(淮南、攀枝花、大庆)。未来的新城及次区域建设和拓展规划应强调土地的混合利用,就城市未来发展制定长远的规划大纲,将土地用途、运输基础设施及环境事宜所做的政策融合,作为次区域及地区规划的基础。

2. 完善城市功能区建设,拓展地下空间,建设高密度、紧凑型城市

地下空间的开发利用可以缓解城市空间发展的突出矛盾与问题。把城市平面外向扩展变成城市立体发展,实现了土地多重使用。把宜放在地下的建设项目放到地下,可节约宝贵的土地资源,节省能源,减少环境排放,扩大城市容量,从而降低地面建筑密度,有效地改善城市环境。地铁、地下商场、地下商业街和地下停车场等项目不仅能提高城市人防

备战功能和防护能力，同时也可改善城市地面环境，保证了地面有更多的绿地、可以建更多的广场，缓解市内交通拥挤状况。

（二）战略引导，推动公共交通加速发展

世界上几乎所有城市交通环境良好的大城市都有一个完善的、高效率的公共交通系统作为城市交通和城市发展一个全局性、基础性的支撑平台。中国城市化进程的快速发展和经济水平的提高要求建立大容量、快速度、高效率的现代化城市公交系统，在满足相同交通需求的前提下，公共交通运能是私人交通的十几倍，可以有效减少道路交通流量，缓解城市交通拥堵，节约能源和保护环境。

1. 加强城市公共交通立法

城市公共交通立法是公交优先发展战略落实的重要保障，立法包括保障城市公共交通管理机构及权限，将规划和建设纳入法制轨道，建立城市规划之间的协调机制和用地保障机制、资金来源渠道，明确路权优先等，在营运范围、服务质量、票制票价、营运秩序方面也需要有相关的法律规定。此外，公共交通立法中还应明确乘客的权益和义务，如乘客选择出行方式、乘车安全保障等权益和遵守乘车安全规定、自觉购票等义务，加快实现“公交不堵”的初期目标。

2. 城市交通必须与土地利用、城市协调发展

在城市规划和交通规划中，重视土地利用与交通系统的协调发展，推进 TOD 开发模式，推动土地混合利用和职住平衡，实现大城市公交网络布局与城市用地开发利用相协调，公交线路布设与城市客流流向相一致。城市的发展和再开发，要求公交服务上一个新台阶，城市用地开发利用要配合公交网络的建设，而且要根据城市不同用地性质的需求，配置相应的公交网络，减少对私人汽车出行的依赖度，促进公交网络与城

市土地开发建设相互适应、协调发展。

3. 政府要对公交企业提供适当的补贴

公共交通是社会公益性事业，必须将其社会效益放在重要地位。出于节能环保和社会效益的目的，政府必须大力提倡使用公共交通，尤其是在城市中心区要尽量减少小汽车的数量和使用，必须建设四通八达的城市公共交通网络，实施公交低票价政策。为达此目的，政府就必须为城市公共交通提供长期的补贴来降低票价，保证城市公交企业的正常运营。随之再研究建立一个科学合理的、基于里程收费的城市公共交通票价体系。

对公共交通补贴数量的确定，应在政府对城市居民消费行为进行研究的基础上，根据对中标运营企业提供的报价与“有吸引力的票价”之间差额的计算来确定。此外，针对不同城市中不同的交通方式，如公交汽车、地铁等，政府应该制定不同的补贴措施。

（三）采取综合措施，引导小汽车的合理使用

世界许多国家和发达城市的交通管理实践已经证明，尤其是在城市人口超过 1000 万的大城市，在大力发展公共交通的基础上，必须通过引导小汽车的合理使用，实施多种需求管理措施，调节进入中心城区的车流量，尤其是降低通勤出行量。这是治理城市交通拥堵行之有效的办法。降低小汽车的排量，提高实载率，减少小汽车的行驶距离，鼓励发展低能耗、低污染交通方式，加快建立以低碳排放为特征的城市交通体系。

（1）从城市交通政策导向上看，应合理引导小汽车的使用，尤其是降低日常依赖小汽车的通勤出行量，将运量集中到大型公共运输工具上。对机动车拥有量和使用进行限制，必须配合发达的公共交通网络建设，改善小汽车交通出行的替代方式。为此，一方面需要政府出台相应的政策，鼓励人们使用公共交通方式；同时，要提供良好的公共交通服务，以及方便的交通换乘枢纽。

(2)研究和实践经验表明,西方国家和日本等是通过严格控制公务车数量、限制公务车的排量和严格加强公务车的用车管理来达到降低公务车能耗的目的。减少公务车的数量,严格限制公务车的使用是交通节能减排的重要途径。减少公务车数量,对取消的公务车可以采用发放公交补贴、租用公车等替代手段;严格执行"公车公用"制度,建立公车使用监控和惩罚机制,并接受公众的监督。

(3)有效调整分区域、分时段、分标准的停车收费价格,通过经济价格的作用合理调节小汽车的使用,可有效减少小汽车的使用,缓解城市交通拥堵,节约能源,并逐步改变公众的出行习惯。

(4)汽车合乘可以减少道路交通流量,缓解交通拥堵,降低能耗,还可以节省费用,是一种行之有效的交通措施。我国应尽快完善相关的法律法规,保障汽车合乘的合法权益,鼓励小汽车合乘和客车合乘。

(5)建立呼叫服务中心,定点载客,对电话预约和专用候车点出租汽车服务与"巡游"出租汽车实行差别化运营,逐步形成"巡游"出租汽车、电话预约出租汽车和专用候车点出租汽车三者组成的结构合理、分工互补的出租汽车服务体系,提高城市出租车实载率、减少空驶里程,以便有效节约能源、保护城市环境。

(四)重新认识,大力发展慢行交通方式

慢行交通方式,可作为城市公共交通系统的重要补充,解决城市交通"最后一公里"的出行难题,从而实现节约能源、保护城市环境的目标。现阶段,我国应通过制定有效的制度和政策,转变城市和城市交通规划中"车本位"的错误指导思想,开展城市自行车道路系统规划,开拓和延伸自行车和步行专用道,保障慢行交通基础设施建设;大力发展公共自行车租赁事业；加强自行车停车设施建设，加强自行车的安全保护，鼓励市民骑车出行；在城市中心区建立高速步行系统，方便群众出行和游览等。

第二节　城市交通控制温室气体排放行动方案

为了贯彻落实国家应对气候变化的一系列战略部署，按照交通运输部《加快推进绿色循环低碳交通运输发展指导意见》（交政法发〔2013〕323 号）的总体要求，以加快建设“综合交通、平安交通、智慧交通、绿色交通”（以下简称“四个交通”）为总体目标，积极控制温室气体排放，形成绿色循环低碳城市客运体系，实现行业绿色、循环、低碳发展，加快推进生态文明建设，特制定本行动方案。

一、指导思想

以落实科学发展观、践行生态文明为指导，围绕加快建设“四个交通”目标，以建设绿色循环低碳城市客运体系为核心，加快建设“城市公共交通 + 自行车/步行”为主体，出租汽车、小汽车、自行车、步行等为补充的城市客运体系，切实落实城市公共交通优先发展战略，以提高能源利用效率、控制温室气体排放为主线，以管理提升、优化结构、技术创新为重要抓手，转变发展方式，加强能力建设，实现行业绿色、循环、低碳发展，提升城市客运应对气候变化的能力。

二、基本原则

1. 立足行业实际，统筹协调发展

正确认识城市客运对温室气体排放的影响，统筹国内与国际、国家与行业应对气候变化的新形势和新要求,积极主动应对,加强能力建设;统筹当前与长远、满足刚性需求与绿色、循环、低碳行业发展的关系,形成长期的发展机制,加快推进低碳转型。

2. 科技创新支撑,政策机制保障

充分发挥科技进步在低碳发展中的基础性和先导性作用,推广使用新能源、可再生能源利用技术和节能减排新技术、新材料、新工艺,加快推进低碳试点示范,促进理念、政策、体制机制和技术的全面创新,为加快建设低碳城市客运体系提供科技支撑和政策保障。

3. 坚持实事求是,循序渐进发展

立足于我国城市客运行业发展的现实基础和阶段性特征,结合国家建设以低碳排放为特征的产业体系的战略部署,科学合理地确定城市客运低碳发展的近期目标、长远目标和重点任务,制订低碳专项发展规划,提出城市客运低碳化发展路径,积极稳妥推进低碳化进程。

4. 政府政策引导,社会积极参与

充分发挥政府在促进城市客运低碳转型中的政策引导作用,广泛调动企业低碳发展的主动性和积极性,鼓励社会中介组织的低碳出行推进行动,引导社会提升绿色低碳出行理念,推动公众广泛参与,促进低碳型交通消费模式和出行方式。

三、总体要求与发展目标

(一)总体要求

以加强生态文明建设、建设美丽中国为发展方向,切实落实科学发展观,加快建设“四个交通”,按照政府引导、企业主体、市场运作、社会参与的原则,加快建立绿色循环低碳的城市客运体系,提高城市客运的能源利用效率,控制行业温室气体增长速度,促进行业全面实现绿色、循环、低碳发展。

(二)发展目标

到2020年,行业绿色循环低碳发展意识明显增强,基础设施水平明显提升,节能减排机制制度更加完善,科技创新驱动能力明显提高,行业监管水平明显增强,应对气候变化能力显著提升,能源利用效率不断提高,控制温室气体排放取得明显成效,基本建成"城市公共交通+自行车/步行"为主体,出租汽车、小汽车、自行车、步行等为补充的绿色循环低碳城市客运体系。

(三)减碳目标

到2020年,城市客运的能耗强度和碳排放强度稳步下降。具体指标包括:

到2020年,城市客运单位人次能耗比2010年下降20%,其中,城市公交单位人次能耗下降25%,出租汽车单位人次能耗下降17%。

到2020年,城市客运单位人次CO_2排放比2010年下降22%,其中,城市公交单位人次CO_2排放下降28%,出租汽车单位人次CO_2排放下降19%。

四、重点任务

以加快建设"城市公共交通+自行车/步行"为主体,出租汽车、小汽车、自行车、步行等为补充的绿色循环低碳城市客运体系为核心,以提高能源利用效率、控制温室气体排放为主线,以管理提升、优化结构、技术进步为重要抓手,提出控制温室气体排放的重点任务。

(一)着力推进综合交通运输体系建设

以优先发展低排放的“城市公共交通”和“慢行交通”为重要抓手,完善功能衔接和配套设施建设,加快综合客运枢纽建设,推进便捷高效换乘,加快推进综合城市客运体系建设。

1. 加快推进综合城市客运体系建设

以“以人为本”理念为指导,建立“城市公共交通 + 自行车/步行”为主体,出租汽车、小汽车等为补充、协调运转的城市交通综合客运体系,大力发展城市公共交通,加快建设大容量快速公交系统和轨道交通系统,提高城市公交服务水平和服务能力。加快推进城乡客运一体化建设,加强城市客运、城乡客运与城际综合客运枢纽建设,改善服务功能和设施条件,促进“零换乘”和“无缝衔接”。

2. 实施公交引导城市发展

发挥城市交通对城市发展模式的引导性作用,发展 TOD 模式,通过大容量公交(地铁、轻轨、快速公交等)的发展来引导城市的发展,促进土地的多功能用途开发,规划紧凑布局,建立中心区集工作、商业、文化、教育、居住等为一体的“混合用途”,使居民能方便地选用公交、自行车和步行等多种出行方式,形成一个可持续的低碳城市发展模式,既能减少城市的无序蔓延,又便于市民出行乘坐公交,减少对小汽车的依赖。

3. 大力发展慢行交通网络

大力发展慢行交通网络,制订城市慢行交通规划,完善城市慢行交通发展政策和标准,加快慢行交通设施建设,改善绿色出行环境,完善电动自行车的管理政策,合理引导电动自行车的使用,发展公共自行车租赁,完善自行车低价或免费租赁等相关制度和鼓励政策,培育市场机制,布局规划和建设自行车停放设施，扩大公共自行车数量和租赁站点规模，解决城市“最后一公里”出行问题。

（二）持续提升交通运输组织管理水平

推进落实城市公共交通优先发展战略政策，优化城市公交网络，提高公交调度水平，推进智能化城市公共交通与运营管理，开展公共交通优质服务行动，提高城市公交的服务能力和服务效率。

1. 优化城市客运组织方式

加快城市客运的组织结构调整，大力发展绿色低碳的出行方式。完善城市综合交通规划，优化城市公交网络，形成一个高效的、便捷的、经济的、安全的、绿色的城市公共交通体系。

研究建立国家和城市两级层面稳定的城市公共交通发展专项资金，国家层面资金主要用于国家对优先发展公共交通重点政策措施的引导，对城市居民提供公共交通出行的普遍服务，对地区性公共交通发展不平衡的协调，对公共交通发展重大新技术、新装备的开发和推广等；城市层面的资金主要用于城市公交运营补贴，并通过建立多样化的城市公共交通票制票价体系，实施多种优惠方式，吸引市民出行愿意乘公交、更多乘公交。按照为交通方式选择收取合理费用的原则，该项资金可以来源于对小汽车使用的外部成本征收一定的费用，例如：新征资源占用费，向小汽车征收车购价的 2% ~3% 用于基金，并从未来可能收取的排放费、拥堵费中提取一定的比例；从车辆购置税增长的部分提取一部分；地方财政从城市公用事业附加费中提取一部分；基础设施配套费及土地出让金中提取一部分；从现征收的燃油税中提取 0.05 元/L（如 2011 年我国交通部门消耗汽油总量 3373.52 万 t，柴油总量 9485.20 万 t，共计可从燃油税中提取 77.94 亿元）等。

2. 建立城市客运智能化管理平台

通过信息化手段，建立统一的城市智能化公共交通的综合信息平台，实现对城市公交的全程实时监控，合理调整公交发车频次，并实现与公众出行平台实时对接，向公众发布实时交通信息，建立充分的信息资源共享机制，提高城市公交运营效率和服务能力。

3. 合理引导小汽车使用

通过开展实施征收交通拥堵费、差别化停车收费等交通需求管理政策，科学调节车流的时空分布，合理引导小汽车的使用，尤其是减少依赖小汽车的通勤出行，缓解交通拥堵；建立城市交通诱导系统、智能停车管理系统等，降低动态交通和静态交通之间的相互干扰，提高通行能力和效率，降低污染物与温室气体排放。

4. 加快公交都市示范的创建工作

按照国家优先发展城市公共交通的发展战略，明确支持政策，完善工作机制，加强地方配套，有效推进重点工程，加强能力建设，强化创新示范，保障示范效果，总结和交流试点经验。

（三）加快提升低碳交通运输装备比例

充分发挥通过加强技术创新促进低碳发展的作用，加快传统动力能效提升和减排技术的研发，鼓励使用清洁能源和新能源车辆。

1. 制定城市公交车辆碳排放限值标准

针对传统燃油营运车辆，加强传统动力能效提升和节能减排制造技术的研发，改良和升级制造工艺，压缩传统内燃机车型的节油空间，如增压技术应用、柴油发动机电子控制共规技术、高效变速器的普及等，另外从车身轻量化、使用子午线轮胎、安装导流板等方面也可以实现节能减排;参考《欧盟新车二氧化碳排放条例》等,制定城市公交车辆碳排放限值标准,建立市场准入和退出机制以及配套的经济补偿机制;建立公交车辆碳排放的"标杆"制度,形成生产企业的技术竞争,对于标杆车型在生产企业车辆更新时优先选用;强化推进绿色维修制度,鼓励推广绿色维修技术,加强营运车辆的定期维护与检测,保障车辆运行技术水平;采用补贴优惠政策,加快淘汰高能耗、高排放的黄标车型,加快节能减排技术产品的应用。

2. 鼓励使用清洁能源和新能源车辆

积极使用和推广天然气动力、醇类、生物燃油等节能环保型城市客运车辆,加快加气站等配套设施建设。鼓励发展新型无轨电车、有轨电车等清洁型交通运输装备。在有条件的地区鼓励城市客运企业使用混合动力、电动等新能源的营运车辆,加强对氢能车辆的研发,优先在城市客运领域内试点示范。建立和完善营运车辆全程跟踪评价机制,保障车辆的正常运营和节能减排效果。建立分不同标准的新能源城市客运车辆的年度运营补贴机制,定期对城市公交企业开展评优活动,根据活动评选结果,定期调整运营补贴额度,鼓励企业推广使用新能源车辆的积极性和主动性,同时减轻了企业的日常运营经济负担。

3. 建立营运车辆碳排放标识和管理制度

探索建立城市客运车辆碳排放管理制度,提高碳排放标识的社会认知度,转变消费观念,鼓励使用排放较低的低碳车型。

(四)不断优化交通运输能源消费结构

1. 鼓励使用天然气等清洁型替代能源

鼓励天然气、醇类、生物燃油、电能等清洁型替代能源的使用,鼓励其他新型替代能源的开发与示范，推动实现城市客运燃料多元化，减少对有限化石燃油的依赖，保障能源安全。

2. 加快推动燃油品质升级

加快推动燃油品质升级，实施更加严格的车辆尾气排放标准，降低油品的含硫量，对于油品的其他指标，如烯烃、芳烃含量、饱和蒸汽压等，也应该在环保性能试验的基础上，通过科学论证，提出严格要求，全面改善新车的燃油效率和排放标准，提高百公里油耗水平，降低百公里碳排放水平，加快实现与国际先进标准接轨。

（五）扩大交通气候友好技术推广应用

1. 推进运输的信息化和智能化技术应用

建立政府、企业、公众三级管理信息平台。加快现代信息技术在运输领域的研发应用，逐步实现智能化、数字化、精细化管理。推广智能城市公交调度系统，出租汽车调度系统，提高服务效率和服务水平。建立和完善城市公众出行信息服务平台，实现信息资源共享，为公众出行提供便利服务，公众提前选择最佳出行方式，提高出行效率。

2. 积极开展节能驾驶培训活动

组织交通运输行业节能操作技能竞赛专项活动，提升节能低碳驾驶的意识和技能。试点城市所有一类驾培机构定期开展驾驶员节能培训工程，推广应用驾驶员培训模拟器和多媒体教学。

（六）拓宽交通应对气候变化资金渠道

加大行业对气候变化适应工作的资金投入。根据交通运输行业适应气候变化的实际需求，参照国外先进经验，拓展资金渠道，通过建立

“适应基金”等方式保障资金来源，为本行业适应气候变化的能力建设和实施行动提供可靠与充足的资金保障。

（七）适时制定交通应对极端天气规制

1. 增强基础设施抵御气象灾害的能力

提高基础设施的设计规划标准，通过强化城市道路排水系统设计，提高城市客运系统应对气候变化带来的极端天气事件及其可能造成的洪涝灾害、温度异常等潜在问题的能力。

2. 加快行业适应气候变化的重点领域科学研究与技术开发

加强交通基础设施应对气候变化脆弱性评估、运输装备及基础设施适应气候变化技术等领域的研究。与重点行业相结合（如装备制造、建筑等部门），针对具有明显脆弱性的领域开展技术研发和应用。

（八）积极参与应对气候变化国际谈判

加快开展应对气候变化预案研究。加强了解行业应对气候变化的国际形势，加强研究城市客运应对气候变化预案和对策研究，积极参与应对气候变化国际谈判，交流和学习国外发达国家在城市客运领域控制温室气体排放，应对气候变化的措施和政策方面的经验。

（九）深化交通应对气候变化宣传培训

引导公众选择低碳出行方式。宣传倡导低碳出行理念，引导公众减少碳排放强度较高的出行活动，转变出行观念，提升环保意识。鼓励乘公共交通出行、共乘交通出行，短途优先骑行，减少对小汽车的依赖。鼓励公众购买小排量汽车，倡导“少开一天车”等形式的低碳出行推广活动。

通过建立交通信息平台等方式，提供低碳汽车和燃料的专业信息，帮助公众制订出行计划和提供多样化出行方式的选择。

(十)健全交通能耗统计监测核查规范

1. 完善行业碳排放的监测与统计体系

在现有的行业能源统计体制基础上,建立和完善行业碳排放的监测与统计体系,增加碳排放的统计指标,提高城市客运应对全球气候变化的管理水平和适应能力。定期开展温室气体排放清单编制工作,了解城市客运排放现状和排放特点。

2. 完善节能减排管理制度建设

完善节能减排管理制度建设。推进城市客运节能减排目标责任评价、考核指标体系和考核制度的建立和健全。强化各级交通运输主管部门和企业的节能减排责任,分解落实节能减排目标,形成对地方行业主管部门和重点企业的综合考核办法及相应奖惩措施,提高企业节能减排的主动性和积极性。完善城市固定资产投资项目节能评估和审查制度。加快制定节能评估导则和审查指南,推进城市客运枢纽、场站等建设项目节能评估与审查的开展。

3. 推行基于市场的节能减排新机制

推行基于市场的节能减排新机制。进一步推行合同能源管理,加快高耗能企业的节能减排,推进交通运输节能服务产业的发展。鼓励运输企业之间、企业或行业协会与政府之间建立自愿减排协议,开展自愿执行能源效益运营指标的活动,以及相关自愿改进业务和技术的活动。探索建立包含运输企业及社会公众交通活动碳排放的碳排放交易系统,设立行业碳排放总量控制目标,开发碳排放交易工具,鼓励企业自愿参与碳排放交易。在BRT、轨道交通、节能与新能源车辆等领域积极探索清洁发展机制项目开发。

五、保障措施

（一）完善交通运输应对气候变化体制机制

建立定期协调机制。加强对节能减排工作的统筹协调和指导，强化政府主导，由部门行为变为政府行为，由行业推进变成社会推进。在继续强化行业推动的基础上，明确其他各有关部门具体承担的工作内容和任务，形成多部门联动配合、齐抓共管的良好工作格局。建立健全部门协作机制，研究制定支持试点的财税、金融、投资、价格等方面的配套政策。

（二）强化交通运输应对气候变化技术支撑

推进行业适应气候变化的重点领域科学研究与技术开发。加强交通基础设施应对气候变化脆弱性评估、运输装备及基础设施适应气候变化技术等领域的研究。与重点行业相结合（如装备制造、建筑等部门），针对具有明显脆弱性的领域开展技术研发和应用。

（三）增加交通运输应对气候变化资金总量

加大对交通运输行业应对气候变化技术研究的制度支持和资金投入，增强科研基础力量及条件平台。对处于研发初级阶段、具有较大发展潜力的重要技术，强化政府主导的科研投入。通过政策和制度创新，运用市场机制充分鼓励企业参与关键技术的研发和推广应用，发挥企业在科技创新和进步方面的主动性和积极性。

（四）打造交通运输应对气候变化人才队伍

加强科研人才队伍建设，通过与相关部门开展合作项目、人才引进等方式，提高从事城市客运行业应对气候变化研究人员的知识水平与工作经验，提高行业应对气候变化的科研可持续发展能力。

从资金投入、规划实施、制度完善、宣传引导、监督管理等方面提出促进低碳城市客运体系建设的保障措施。

加强法规制度体系建设。研究制定交通运输节能减排与低碳发展的规章。标准规范制定方面，在行业技术标准、城市低碳交通评价指标体系等方面，探索制定相关标准，形成长效机制。加快建立健全交通运输能源消耗及碳排放统计监测考核制度、绩效评估制度、目标责任制等相关管理制度，以确保试点工作责任可落实、过程可监控、奖励可操作，试点项目节能减排效果可监测、可报告、可核查，为节能减排工作的顺利开展提供制度保障。

加强能力建设，建立城市交通温室气体排放监测评估模型，了解城市交通温室气体排放的现状和发展水平。

（五）加强国际经验交流与合作

加强与国际组织、金融机构，以及国外政府机构、交通行业企业、研究咨询机构等的联系，加大研究力度，提高技术研发能力和组织管理水平，通过合作研究开发、培训、考察、研讨会等多种方式开展多层次、多领域、多形式的交流与合作，广泛利用国际资源，搭建交通行业节能减排信息交流平台，积极吸收借鉴国际先进经验，引导行业选择使用先进节能减排装备及技术、产品。

六、主要措施的预评估

采用前后对比分析法，针对采用单一节能减排措施在实施前后评估其节能减排效果，并以案例分析的形式对效果进行评价。

(一)天然气车辆应用效果评价

天然气车辆是以天然气为能源驱动的汽车,分为压缩天然气和液化天然气。在城市客运中,出租汽车行业、公交行业均有天然气驱动的车辆,目前国内多采用压缩天然气(CNG)为能源,近几年,由于国家引进了液化天然气资源(LNG),LNG 公交车在不少城市开始兴起,会成为未来的一个方向。

某市公交集团 2010 年进行“柴改气”,即柴油动力车辆改为天然气车辆,共计改装 165 辆,同时新购置 50 辆,共计 215 辆,平均每辆天然气车辆的日均行驶里程为 150km。柴油车百公里油耗为 35L、天然气车辆百公里气耗为 $45m^3$,每升柴油排放 2.6kg CO_2,每立方米 CNG 排放约 0.78kg,每千克天然气排放 2.18kg CO_2。据此,计算如下:

年 CO_2 减排量 =(365 × 车辆数 × 日行驶里程/100 × 柴油车百公里油耗 × 柴油汽车排放因子 - 365 × 车辆数 × 日行驶里程/100 × 天然气车百公里油耗 × 天然气汽车排放因子)/1000

$= (365 \times 215 \times 150/100 \times 35 \times 2.6 - 365 \times 215 \times 150/100 \times 45 \times 0.78 \times 2.18)/1000 = 1704.7t$

此案例下采用天然气车辆年减少 CO_2 排放 1704.7t。

(二)电动车辆应用效果评价

电动车辆是以电能为能源驱动的汽车。在城市客运中,出租汽车行业、公交行业均有电解驱动的车辆。在交通行业统计中,电能不计算全生命周期,电能的 CO_2 排放属于生产部门排放,在使用阶段(城市客运阶段)不产生温室气体排放,故 CO_2 排放为 0。

某市购进 50 辆电动公交车替换老旧的柴油车辆,柴油公交车日均行驶里程约 200km,每公里燃油消耗为 35L。每升柴油的 CO_2 排放为

2.6kg。据此，计算如下

年 CO_2 排量 =（365 × 车辆数 × 日行驶里程/100 × 柴油车单位能耗 × 柴油排放系数 - 0）/1000

=（365 × 50 × 200/100 × 35 × 2.6 - 0）/1000 = 3321.5t

此案例下采用纯电动车辆年减少 CO_2 排放 3321.5t。

（三）混合动力车辆应用效果评价

混合动力汽车是发动机和发电机、电动机和蓄电池相结合的车辆。在一般工况下由电动机驱动车轮转动，当动力不足时由发动机带动发电机并驱动车辆行驶。在城市客运中，出租汽车行业、公交行业均有混合动力车辆。混合动力车辆的能耗明显低于汽油车辆。

某市购进 100 辆混合动力公交车替换老旧的柴油车辆，公交车日均行驶里程约 200km，柴油公交车每百公里燃油消耗为 35L；混合动力公交车每百公里燃油消耗为 26L。每升柴油的 CO_2 排放为 2.6kg。据此，计算如下：

年 CO_2 减排量 = 365 × 车辆数 × 日行驶里程 × 柴油车单位能耗 × 柴油排放系数 - 365 × 车辆数 × 日行驶里程 × 混合动力车单位能耗 × 柴油排放系数

=（365 × 100 × 200/100 × 35 × 2.6 - 365 × 100 × 200/100 × 26 × 2.6）/1000 = 1708.2t

此案例下采用纯电动车辆年减少 CO_2 排放 1708.2t。

（四）驾驶模拟器应用效果评价

驾驶模拟器是一种驾驶训练的教学设备。它利用虚拟现实仿真技术营造一个虚拟的驾驶训练环境，人们通过模拟器的操作部件与虚拟的环境进行交互，汽车驾驶模拟器几乎与真实学车环境完全一致，能够消除驾驶初学者的恐惧心理，适时规范驾驶者的操作，为驾校驾驶培训的有力帮助。驾驶模拟器还可以有效减少环境污染，减少汽车的油耗、磨损以及教练的指导时间。

某驾校购进4台驾驶模拟器，每天各工作15h，在驾驶模拟器每学习10h相当于车学习3h培训。如上车学习，每小时油耗为3L柴油，每升柴油的CO_2排放为2.6kg。

年CO_2减排量 = 365 × 模拟器数量 × 每天每台模拟器学习时间/10 × 3 × 教练车每小时油耗 × 教练车排放系数/1000

$= 365 \times 4 \times 15/10 \times 3 \times 3 \times 2.6/1000 = 205\text{t}$

此案例下采用纯电动车辆年减少CO_2排放205t。

（五）智能公交调度系统应用效果评价

公交智能调度系统以电子地图、GPS卫星定位、GPRS/CDMA移动通信等技术为基础，通过实时采集公交运营车辆的位置和状态等信息，结合公交企业车辆运营计划的自动编排与执行、实现车辆运行状态的实时可视监控和运营线路车辆的实时调度指挥，为公交企业的运调管理提供精确的数字化管理和考核手段，提高公交企业的运营效益和服务水平。

某城市公交企业于2012年在所有车辆上安装车载定位终端并连接到智能调度中心，保证80%以上的上线率，本企业共有公交车辆3000台，平均每台车辆每天行使250km，车辆平均每百公里能耗达到35L柴油，安装定位终端后，平均每辆车减少的空载里程约为总里程的10%。每升柴油的CO_2排放为2.6kg。

据此，计算如下：

年CO_2减排量 = 365 × 车辆数 × 日行驶里程/100 × 柴油公交车单位能耗 × 柴油排放系数 − 365 × 车辆数 × 加装智能公交调度系统后日行驶

里程/100 × 柴油公交车单位能耗 × 柴油排放系数

= (365 × 3000 × 250/100 × 35 × 2.6 − 365 × 3000 × 250 × 0.9/100 × 35 × 2.6)/1000 = 24911t

此案例下采用智能公交调度系统年减少 CO_2 排放 24911t。

(六)出租汽车电召平台应用效果评价

建立出租车电召平台,乘客通过电话、网上预订等手段提前预订出租汽车,而出租汽车驾驶员通过这种电话或网络预订的方式接单,有别于传统的乘客在路边打车的接单方式。可以有效减少出租汽车空驶里程,减少能源消耗,增加里程利用率。

某公司有出租汽车 2500 辆,日行驶里程约 300km,每百公里汽油消耗约为 8L,在采用出租汽车电召平台后,有效减少空驶里程,平均每辆车的里程下降 15%,每升汽油的 CO_2 排放为 2.17kg。

据此,计算如下:

年 CO_2 减排量 = (365 × 车辆数 × 日行驶里程 × 汽油出租汽车单位能耗 × 汽油排放系数 − 365 × 车辆数 × 采用出租车电召平台后日行驶里程 × 汽油车单位能耗 × 汽油排放系数)/1000

= (365 × 2500 × 300/100 × 8 × 2.17 − 365 × 2500 × 300 × 0.85/100 × 8 × 2.17)/1000 = 7128t

此案例下采用出租车电召平台年减少 CO_2 排放 7128t。

参考文献

[1] 张新宇,陈景艳.交通运输外部成本评估及内部化[J].北京交通大学学报, 1999, 23(3):17 - 21.

[2] 北京市统计局. 北京市统计年鉴[M].北京:中国统计出版社, 2008.

[3] 上海市统计局. 上海统计年鉴[M].北京:中国统计出版社, 2008.

[4] 朱松丽,姜克隽. 北京市城市交通能源需求和污染物排放:1998 ~ 2020[J].中国能源,2002,06:26 - 31.

[5] 李连成. 交通节能的形势与对策[J].中国发展观察, 2006,12:39 - 40.

[6] 丁成日. 城市增长与对策——国际视角与中国发展[M].北京:高等教育出版社, 2009.

[7] 中华人民共和国住房和城乡建设部. 中国城市建设统计年鉴[M].北京:中国建筑工业出版社, 2005.

[8] 姜克隽,胡秀莲,庄幸,等.中国的能源与温室气体排放情景和减排成本分析[A].北京论坛(Beijing Forum).北京论坛(2008)文明的和谐与共同繁荣——文明的普遍价值和发展趋向:“生态文明:环境、能源与社会进步”环境分论坛论文或摘要集[C].北京论坛(Beijing Forum):,2008:15.

[9] 李惠杰, 邹南昌. 城市停车问题的对策探讨[J]. 交通与运输, 2000,5:22 - 23.

[10] 周晓玲. 运用停车收费机制引导城市交通需求[J]. 改革与战略,

2007,6:32－33.

[11] 刘权乐. 我国公务车节能潜力研究[J]. 未来与发展,2007,12:11－14.

[12] 李红宝,郎益顺. 三种非机动车交通分析方法的应用[J]. 交通与运输,2006,05:19－20.

[13] 陈毅影. 法国、巴西的公共交通[J]. 城市公用事业,2004,01:14－17.

[14] 中国中心城市交通改革与发展研讨会学术委员会,交通部科学研究院中国城市可持续发展研究中心. 中国中心城市可持续交通发展年度报告(2008)[J]. 北京:人民交通出版社,2008.

[15] 朱兆芳, 赵建伟, 张欣红,等. 城市道路交通与节能降耗[J]. 城市道桥与防洪, 2008,10:1－8.

[16] 徐安宁. 生态城市可持续交通若干问题研究[D]. 东南大学, 2005.

[17] 王逢宝. 城市交通节能减排策略研究——从城市公交与小汽车交通的比较来看[J]. 城市车辆, 2008,8:30－33.

[18] 江玉林,韩笋生,彭唬,等. 公共交通引导城市发展:TOD 理念及其在中国的发展[M]. 北京:人民交通出版社,2009.

[19] 中国中心城市交通改革与发展研讨会学术委员会,交通部科学研究院中国城市可持续发展研究中心. 中国中心城市可持续交通发展年度报告(2008)[J]. 人民交通出版社, 2008.

[20] 实施公交优先 打造公交优秀 践行“郑州宣言”[C].//2008 年实施公交优先打造公交优秀践行《郑州宣言》研讨会论文集. 2008:276－279.

[21] 王逢宝. 城市交通节能减排策略研究——从城市公交与小汽车交通的比较来看[J]. 城市车辆, 2008,8:30－33.

[22] 李振宇. 日本环境可持续下的城市交通发展战略对我国的启示

[J]. 交通标准化,2008,20:109 - 112.

[23] 王媛媛 ,陆化普. 新加坡的交通政策及启示[J]. 综合运输,2005, 03:80 - 82.

[24] 陆化普,王建伟,张鹏,等. 基于能源消耗的城市交通结构优化[J]. 清华大学学报(自然科学版), 2004, 44(3):383 - 386.

[25] 高菠阳,刘卫东. 道路交通节能减排途径与潜力分析[J]. 地理研究,2013,04:767 - 775.

[26] 蔡闻佳,王灿,陈吉宁. 中国公路交通业 CO_2 排放情景与减排潜力[J]. 清华大学学报(自然科学版), 2007, 12:2142 - 2145.

[27] 国家发改委. 中国应对气候变化国家方案[R], 2007.

[28] 中国交通年鉴编辑部. 中国交通年鉴[M]. 北京: 人民交通出版社. 2007.

[29] 国家统计局. 中国统计年鉴[M]. 北京:中国统计出版社, 2007.

[30] 北京交通发展研究中心. 北京市交通发展年度报告[M]. 北京: 北京交通发展研究中心, 2010 - 2013.

[31] 中华人民共和国交通运输部. 中国城市客运统计年报[M]. 北京: 人民交通出版社, 2010.

[32] 中华人民共和国交通运输部. 绿色循环低碳交通运输发展年度报告[M]. 北京: 人民交通出版社股份有限公司, 2013.